中华先锋人物
故事汇

王有德
治沙"魔法师"

WANG YOUDE
ZHISHA MOFASHI

谢倩霓 著

党建读物出版社　接力出版社 Publishing House

图书在版编目（CIP）数据

王有德：治沙"魔法师"/谢倩霓著. —南宁：接力出版社；北京：党建读物出版社，2021.6

（中华人物故事汇. 中华先锋人物故事汇）

ISBN 978-7-5448-7205-8

Ⅰ.①王⋯ Ⅱ.①谢⋯ Ⅲ.①传记小说-中国-当代 Ⅳ.①I247.5

中国版本图书馆CIP数据核字（2021）第091883号

王有德 —— 治沙"魔法师"
谢倩霓　著

责任编辑：	郝　娜　赵梦姝
责任校对：	刘会乔　杨少坤　杨　艳
装帧设计：	严　冬　许继云　　美术编辑：高春雷
出版发行：	党建读物出版社　接力出版社
地　　址：	北京市西城区西长安街80号东楼（邮编：100815）
	广西南宁市园湖南路9号（邮编：530022）
网　　址：	http://www.djcb71.com　　http://www.jielibj.com
电　　话：	010-65547970/7621
经　　销：	新华书店
印　　刷：	河北鹏润印刷有限公司

2021年6月第1版　　2021年11月第2次印刷
787毫米×1092毫米　32开本　　5.25印张　　80千字
印数：10 001—20 000册　　定价：25.00元

本社版图书如有印装错误，我社负责调换（电话：010-65547970/7621）

目 录

写给小读者的话 ············ 1

有这样一个地方，有这样
　一家人 ············ 1

小小劳动能手 ············ 7

特别的家教 ············ 15

都是风沙惹的祸 ············ 23

自学成才 ············ 31

大沙怪，我又来了! ············ 39

看得见阳光的屋子 ············ 45

废物是这样变成宝贝的 ············ 51

异想天开造果园············59

背着重负建工厂············69

沙漠深处开苗圃············77

身先士卒斗沙怪············87

每个人都是一片森林········101

赔本的生意做不做··········109

独门秘籍················117

当沙漠向世界敞开··········127

这样当父亲，这样当儿子·····133

阳光照耀着一切············143

生命的又一个高度··········147

写给小读者的话

亲爱的小读者,你们都知道黄河吧?黄河是我们中华民族的母亲河,它东西横跨五千多公里,滋润北方大地,孕育千年文明。在它流经黄土高原、内蒙古高原的途中,历经两次大拐弯,形成了著名的"几"字形大图案。在"几"字形的外围,密如毛细血管的黄河水系造就了富饶的河套平原,而在"几"字形内部,则盘踞着一只巨大的"怪兽"——飞沙扬尘、荒凉贫瘠的毛乌素沙漠。

这个面积达四万两千两百平方公里的沙漠怪兽横跨在宁夏回族自治区、陕西省、内蒙古自治区三地之间,凶残暴戾,不断地吞噬着周边的村庄和良田,逼得人们背井离乡、流离失所。二十世纪八十年代，它已经侵入宁夏灵武市，流沙已经越过东干渠，距离黄河东岸只有七八公里，这里的万顷良田面临灭顶之灾；它每年把一亿吨的黄沙扬入黄河，对我们的母亲河造成了巨大威胁。同时，它还会化身为可怕的沙尘暴，对我们的城市及人们的生活造成极大影响。

其实，这个大沙怪在古时候根本就不是这样，相反，这里曾经水草丰美，河水澄澈，风光宜人，是优良的牧场。五世纪时，毛乌素沙漠南部，还曾经是匈奴人的政治、经济中心。后来，由于人们过度开垦和放牧，加上气候变迁和连年战乱，地面植被消失殆尽，就地起沙，就形成了最初的沙化地；经过漫长的一千多年的时间，沙化地不断地扩展膨胀，到明清时期，就变成了茫茫大沙漠。

一九五三年九月，我们这本书的主人公王有德，就出生在这个大沙怪的西南边缘——被它疯狂踩压的宁夏灵武市马家滩镇马家墙框子村的一个回族家庭。

每个人都有自己的出生地，它是我们永远也忘不掉的故乡。不论我们出生在都市还是乡村，故乡总是风轻云淡、岁月静好，往往给人留下一生中最美好的回忆。

可是，王有德的故乡却不是这样的。他的故乡整天沙尘漫漫、天昏地暗，流沙就像一只巨大的怪兽横冲直撞，淹没道路，损坏庄稼，摧毁一切生的希望。在十多年的时间里，它淹埋了多个村庄，逼迫上万人逃离家园……

从童年时代亲眼见到故乡一步步沙化，到十八岁那年不得已抛弃家园，背井离乡，举家搬迁，再到一九八五年已过而立之年毅然折返，深入沙漠腹地，坚忍不拔，创造出沙漠奇迹，在故乡的土地上，王有德究竟经历了怎样的成长轨迹和人生道路呢？

在外国专家都感叹"在这里永远也治不好沙漠"的地方，在苗圃荒芜、树木枯死、满目疮痍的白芨滩防沙林场，王有德究竟使用了什么魔法，用层层绿色击退了大沙怪，将毛乌素沙漠的流沙向东逼退了二十多公里，保卫了黄河及万顷良田的安全，并使它变成了当地人民的聚宝盆，创造了名扬全国乃至世界的传奇呢？

就让我们一起来看看这位治沙"魔法师"一路走过来的人生轨迹，以及他与大沙怪奋力搏斗的故事吧！

有这样一个地方，有这样一家人

在我国广袤的西北大地上，在黄河"几"字形大拐弯的左边那一撇北上奔流的东岸，有这么一个神奇的地方——

在大约一亿六千万年以前，人类还没有出现，有一群巨大的植食性恐龙生活在这里。一直到二〇〇五年，它们深埋在地下的化石才被人们发现。现在，这里建成了保护面积达九万平方米的恐龙化石遗址。

在大约三万年以前，在这里一个名叫水洞沟的地方，生活着一群会使用手制石器的早期人类。他们生活的痕迹一直到一九二三年才被发现，在这里出土了大量石器和动物化石，这里因此成为我国最早发掘的旧石器时代文化遗址。

在大约一万年前，人类进入新石器时代。一九八七年，在这里一个叫三道沟的地方，发现一处原始村落遗址，地表散布着石器、陶器、玉器残片。据考古学家考证，距今五千到七千年，这里是黄河流域古人类的居住地。

在两千多年以前，中国进入西汉时期。西汉王朝在这里正式设置管理机构——灵洲县。

在一千多年以前，中国进入唐朝开元盛世，后来发生了一场叛乱叫作"安史之乱"。唐朝太子李亨在这里即位成为唐肃宗，他在这里调兵遣将，组织力量平定叛乱，恢复了唐朝的统治秩序。

在五百多年以前，明朝政府在这里用黄土修筑了一段连绵高耸的长城；依傍着长城，还修建了有四通八达的地道、里面布有暗器的军事屯兵城堡。时至今日，来到这个地方，人们似乎还能感觉到当年的刀光剑影、硝烟弥漫……

这个充满着历史故事和传奇的地方，就是现在的宁夏回族自治区灵武市，也正是我们这本书的主人公王有德出生、工作、奋斗了一辈子的地方。

这里曾经水草丰美、牛羊成群,不知何时,地上出现了一块小小的伤疤。曾经的战乱、过度的放牧和无休止的砍伐,使得这块伤疤一步步扩大,朝四面八方伸展。当王有德还是一个小小少年郎的时候,这块巨大的沙漠伤疤已经慢慢地朝他的家园伸出了魔爪。

王有德的家在灵武市马家滩镇马家墙框子村,村里几十户人家零零散散分布在沟壑纵横的一大片山岗上。这里的泥土黏性非常好,适合挖窑洞居住,村里每户人家都住在就着山岗挖成的窑洞里。窑洞冬暖夏凉,是祖祖辈辈住在黄土高原的人们非常喜爱的家。

王有德的父亲那时担任马家滩的乡长,他是一个非常清廉、严于律己、宽以待人的乡镇干部。父亲平常不住在家里,整天在外面忙乡里的工作。家里的所有活计,包括照顾孩子们吃喝拉撒等事情主要靠母亲一个人,她还要到生产队参加劳动,每天都非常劳碌。

王有德本来是家里的老三,他上面有两个哥

哥，下面有三个妹妹。后来二哥因病夭折了，再后来，他的伯父去世，伯母改嫁，王有德的父亲收养了伯父的两个儿子。两个堂兄弟一个比王有德大，一个比他小，他在家里就还是排行老三。这样一来，家里的窑洞就有七个孩子了。

在那困苦的年代，要养育七个孩子，是多么不容易啊！每个孩子都要吃饭，要穿衣，到了年龄还得上学。特别是家里有四个男孩子，整天爬上爬下的，身上的衣服随时撕破划破，脚上的鞋子穿上没多久脚指头就露出来了。父亲每天在外面忙工作，母亲在家里整天忙得像个陀螺一样不停地转，一刻也没有空闲。

王有德和两个哥哥、一个弟弟一起住一个窑洞房间，四个男孩睡一张床。母亲花二十块钱买了两床棉线单子，对合缝起来，里面塞一床棉絮，变成一床棉被，这就是四个男孩过冬的全部家当了。

穷人的孩子早当家。从小，王有德就知道帮着家里干活儿。砍柴，拉水，拾掇牛粪，清扫沙子，到野地里挖药草，都是他要干的活儿。

在村庄的周围，散布着高高低低、连绵起伏的山丘，这些山丘在王有德小时候还长着非常好的植被，村里的人们就是靠着它们的慷慨供给维持基本的生存。他们放牧了大批的牛羊，牛羊每天啃食着这些植被，为人类提供劳动力和肉食；他们砍伐沙蒿、骆驼刺等植物，用作每家每户每天烧饭烧炕必需的柴火；到秋冬季节，他们还要到山岗上挖甘草、砍麻黄卖钱，这些东西是珍贵的中药材，可以为他们换取一点儿生活费；他们还必须打下深深的水井，提取地下水以维持全村人饮水的最基本需求。

这些人们基本的生活生产活动，进一步加深了人和大自然之间的矛盾，也使得那块沙漠伤疤快速扩展，仅仅几年的时间，就一步一步逼到了家门口……

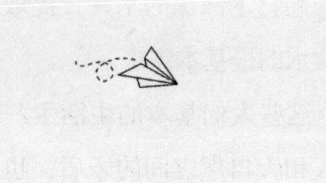

小小劳动能手

王有德八九岁的时候,就成了家里主要的劳动力。他每天必须做的一项家务劳动,就是砍伐柴火。

那时,他们生活的地方既没有燃气也没有煤球,每天家里准备一日三餐需要的柴火、冬天烧炕和取暖用的燃料,都得向周围的山地讨要。王有德家里有九口人,消耗的柴火可不是一个小数目。每天,母亲都得派孩子们到外面去砍柴火,一天不砍柴,一天就生不了火,就没有饭吃。

在已经半沙化的山地里,这里,那里,生长着一蓬蓬沙蒿、骆驼刺等耐旱植物。它们的枝条细细的,叶片小小的,根系却非常庞大,深深地扎入地下深处，顽强生存。这些植物，就是当地人每天必须消耗的柴火了。

这天，轮到王有德去找柴火。

正是炎热的夏季。一走进沙地，一股燥热扑面而来。村庄周围的植物已经被砍得差不多了，要砍伐到更多更好的柴火，得往离家远一点儿的沙地里走。

人们的砍伐速度是多么快啊！王有德还记得自己很小的时候，村子周围全是绿色植被，人走在野地里，简直看不到身影，全被绿色的波浪淹没了。那时候，村子里的小伙伴们就在这绿色的波浪里捉迷藏，打滚撒欢；牛儿啊，羊儿啊，野兔啊，也惬意地在这绿色的波浪里随意啃食。也就几年的时间，绿色的波浪一片接一片地消失，被大沙怪一片接一片地吞噬。

王有德迎着滚滚热浪走过这些光秃秃的沙化地，心里很难过。那时小小的他还不明白人与自然的矛盾以及和谐相处的方式，不明白人们无休止地向土地讨生活将要付出巨大的代价。他只是不明所以地伤心难过，同时心里也非常焦虑。他必须为母亲砍一大捆柴回去，否则今天家里就没法开伙了。

终于找到了一片沙蒿地。王有德吁了一口气，尽自己所能多砍一些，多背一些。他知道，自己这样做，可以减轻母亲的焦虑，给家人带去安慰。

可是，天气实在是太热了！炎炎烈日的炙烤，蒸干了他浑身的水分，他口干舌燥，浑身乏力，回家的路变得好像没有尽头……啊，如果这时出现一片可以乘凉的树林，那该多好啊！或者，只要一棵树也好啊！可以让他在这无遮无拦、劈头盖脑泼下来的阳光下休息一下，倚靠一下。

可眼前，只有一片白花花、一眼望不到头的沙地……

那一刻，王有德恨不得自己变成一棵大树，一棵站在沙漠里的大树。这棵树不怕风沙，不惧炎热，洒下一片绿荫，为行人撑起一片清凉的天空……

终于到家了！王有德疲惫地卸下背上的柴捆。母亲迎出来，对着儿子赞许地笑一笑。她心里很心疼儿子，才八九岁的孩子呀，就不得不担负起沉重的家庭劳动。可是母亲什么也没说。这一大家子要活下去，这么多孩子要养活，每个人都得尽自己的力才行啊！

孩子们心里也都明白这一点，所以对于母亲分派的家务，他们也都尽自己的能力去做。母亲的一丝微笑，对于王有德来说，就是最好的表扬了。

每个孩子都亲眼看到，母亲是如何为这一大家子操劳的。别的人白天劳作，晚上就可以休息了。可是母亲，除了睡眠的那几个小时，根本就没有任何其他休息的时间。一到晚上，母亲还要把时间用在做针线活儿上，家里七个孩子的衣服鞋子，全得靠母亲一针一线做出来。那真是一份看不到尽头的辛苦啊！每当夜深人静的时候，王有德看着煤油灯下母亲弯腰低头一针一线做针线活儿的身影，他就希望自己能多为母亲分担一点儿，再多分担一点儿。

就因为这个想法，后来，王有德学会了烧饭，母亲忙不过来的时候，他就可以顶上了。一直到王有德做了爷爷，他烧饭的水平在家里还是一流的，孙子孙女都说，爷爷烧的饭最好吃了。

其实，比起拉水来，砍柴、烧饭都还算是轻活儿了。

说起拉水，那更是一件不仅费体力，还令人发怵的事情。

王有德家所在的地区，年降水量一年比一年少，使得植被恢复和重生都非常困难。而植被的减少，又反过来使气候更加干旱，这样就形成了恶性循环。虽然说黄河就在边上哗哗流着，可是毕竟远水解不了近渴，一村子的人每天要喝水用水，就只能靠地下水。

在村庄周围，人们打出了三口水井，每一口都有十多米深，每一口离家都有三四公里远。这三口水井，有一口是甜水井，有一口是咸水井，还有一口是苦水井。后来甜水井和咸水井因使用过度，先后都枯竭了，最后全村人就只能靠那口苦水井活命，每户人家人畜每天的用水，都必须从那里拉回来。

拉水时，要用一个拴着一根长绳子的小桶，

一趟一趟从十几米深、看不见底的水井里打上水，倒到自己带来的巨大的铁皮桶里，然后把铁皮桶装上小推车，赶着毛驴把水桶拉回家。拉一趟水一来一回要走七八公里坑坑洼洼的土路，非常辛苦劳累。

如果是冬天，那情况就更糟糕了，主要是因为人们打水时洒出来的水在地上结成了厚厚的一层冰，井口周围一圈非常滑溜，一不小心就会滑进那口深深的水井里，所以一到冬天，拉水就成了一件危险的事，真是太可怕了！

可水是家里的必需品，每时每刻都离不了，拉水再危险、再困难，母亲别无他法，只得吩咐几个孩子轮流去拉水。

好在，王有德想出了一个防滑防险的好办法——他把拴毛驴的绳子踩在脚底下，然后把绳头绕一圈系在裤腿上。这样不仅可以防滑，万一真的不小心滑进了井里，毛驴还能帮着把人拉出来。

一直到现在，王有德成了"全国优秀共产党员""全国治沙英雄"，获得了"人民楷模"的称号，得到了至高无上的荣誉，可提起小时候拉水的事，他还是会说："那真是非常辛苦，而且非常非常危险的，一不小心，就可能把命都丢在井里了！"

但是，我们知道，也正是这些在艰苦年代里的辛苦和磨难，给了年少时期的王有德有益的磨炼，也给了他今后面对问题不退缩，遇到困难迎难而上的精神和底气，使他成为一个不畏艰难、与沙怪坚持斗争几十年并取得非凡成就的人。

特别的家教

甘草是一种豆科多年生草本植物，它根系发达，喜欢生长在干旱少雨的地方，是一种效用良好、使用广泛的中药材。

每到秋天，叶子枯黄以后，到野外山岗上去挖甘草，就成了村子里所有大人和孩子的一项最重要的工作。挖来的甘草可以卖给药材商，换来一点点钱。这点钱可以用来交学费，可以用来买书买本子买笔，也可以用来买布给孩子做一件盼望已久的新衣服，或补贴家里柴米油盐的急需。

只是，挖甘草也像砍柴一样，能挖到它的地方离家越来越远。家附近全部都被挖光了，到处都是坑坑洼洼。

那时候村民们不是不知道，甘草像他们每天送进灶膛里的沙蒿、骆驼刺一样，也是固沙防风的好植物，越来越多的挖掘会使得土地沙化越来越严重，对他们的家园造成无可挽回的伤害。可是，他们要吃饭，要活命，没有别的赚钱本事，不挖不砍，他们怎么活呢？

这天，王有德扛着一根比他人还高出一头的铁锹，跟一群孩子走到一片离家很远的野地里。大家四散开来，各自找一个地方，开始挖掘。挖呀挖，一铲又一铲。小小的人儿，使出吃奶的力气，脸涨得通红，手臂酸痛难忍。真希望一锹下去，一下子挖到一根粗壮肥硕的甘草主根，给他带来天大的欢喜。

可是，甘草就像一条狡猾的泥鳅，深深地埋藏在已经半沙化的土地里。每每挖了半天，都只是一铲一铲的空土，要想把甘草挖出来，可没那么简单。

突然，王有德的铁锹碰到了什么东西。他定睛一看，哇，果然是甘草的一根根须。虽然只是很细的一根，但王有德知道，只要顺着这根须一直朝前挖，他就可以挖到最值钱的主根了。

王有德立刻打起更大的精神，小心着不要损伤根须，同时加快了铲土的速度。眼看着挖出来的根须越来越粗，他知道，自己快要接近主根了。

可他没想到，同时来挖甘草的一个大孩子，已经将他的一举一动看在眼里。看到王有德顺着根须朝前挖，他立刻在前头估摸着差不多的地方一铲子铲下去，果然，最粗最好最值钱的主根正好被他一铲子铲到了。

王有德一看，非常生气。这个大孩子，这不是不劳而获吗？王有德让他把这棵主根还给自己，可那个大孩子就是不还。说着说着，两个人就扭打起来。

王有德人小力气小，没能抢回本该属于自己的劳动成果。这还不算，回到家以后，那个亲戚还跟王有德的父亲告了一状，说王有德跟她家儿子打架、抢东西。

王有德的父亲对自家孩子管得非常严。虽然平时生活方面他没时间管，但在思想和道德行为

18   中华先锋人物故事汇   王有德

方面，他一向用非常高的标准要求孩子。他把王有德叫到跟前，非常严肃地批评了一顿，说王有德不该跟别人抢东西，更不该打架，这么小就如此斤斤计较，长大了还怎么成才？

王有德被父亲骂哭了，他心里非常委屈，可是，他一句话也没有为自己辩解，更没有顶撞父亲。从小，在父亲教导他们的时候，兄弟几个都会站得笔直，恭恭敬敬地听着，他们觉得这是孩子对父亲应该有的尊重和态度。何况，父亲说的话总是那么有道理，总是会说得让人感到羞愧，最后压下心里的"小我"，向更高的方向看齐。

更让王有德难以忘记的，是一根钢筋撬棍的事情。

那还是他上小学三年级的时候，有一天放学回家，在坑坑洼洼的土路边上，他捡到了一根钢筋撬棍。这可是个稀罕玩意儿，王有德很高兴地把它带回了家。

没想到，父亲看到以后，认为这个是跑长途的汽车上用的东西，人家不可能随便丢弃，他就一口咬定是王有德从哪辆停在路边休息的车上偷来的。父亲非常严厉地批评了他，要他赶紧好好认错，并将东西还给人家。

这一次王有德可不能认了，他真的没偷东西，他坚决不认！

那时候车辆稀少，只有唯一的一辆大货车每隔两三天会到公社供销社送货。王有德的父亲认为这根钢筋撬棍应该是属于那辆车的，所以他就一直留心大货车什么时候来。他一定要从司机那里得到亲口证实。小小的孩子，如果从小就学会偷东西，那还了得。如果真的偷了东西，还死活不认错，那就更不得了了。

几天以后，货车又来给供销社送货了，王有德的父亲赶紧上前去跟司机确认。司机告诉他，那根钢筋撬棍确实是他没放好，因为路上太颠簸，被颠下来的，不是小孩子偷的。王有德的父亲这才放下心来。面对被自己冤枉的孩子，父亲语重心长地说："这次是我错怪你了。小孩子从小要学好，不要学坏。很多人长大了变坏，都是从小时候一点点的小事情开始的。"

都说父母的言传身教会对孩子产生一辈子的

影响。父亲在这些日常小事上对孩子的管教，在王有德的心里树立起了一条条为人处世的原则和标准，这些原则和标准对于王有德的成长产生了非常深刻的影响。

从王有德八岁开始，一直到父亲七十三岁辞世，王有德家每年年底都要郑重其事地召开家庭家教会。在孩子们的心里，这个家庭家教会万分隆重。或者大年三十，或者正月初一初二，父亲会把生产队队长、老师、老家的长辈请来，向他们介绍、报告子女和老伴在学校、村里的情况；此外，父亲还会自己去学校、村里调查询问，了解每个孩子的表现——有没有做错事，有没有更大的进步空间，再将他了解到的结果在这个会上逐一分析，或批评，或表扬。在这条家规之下，孩子们都谨慎做人，努力向上，希望能在年终时得到父亲的表扬。

在有一年的家庭家教会上，父亲问了一个问题："劳动是为了什么？"

母亲回答："是为了赚钱吃饭穿衣呗。"

小小的王有德跟着母亲回答："是为了赚钱吃

饭穿衣呗。"

比王有德大四岁的哥哥则回答:"劳动是为了革命!"

父亲非常高兴地表扬了哥哥,对母亲和王有德则进行了教育,告诉他们,人活着,目标要高远一点儿,境界要开阔一点儿,不要天天只顾着眼前的一点点鸡毛蒜皮、柴米油盐的小事。

王有德日后能成长为改变家乡面貌的带头人,舍身忘己,无私奉献,干出令全世界都瞩目的治沙业绩,跟小时候耳濡目染父亲的言行有着莫大的关系。

都是风沙惹的祸

王有德最初对沙漠的憎恶和仇恨，来自他三岁多的时候在沙漠里一次可怕的与母亲走散的经历。

因为家里孩子多，粮食不够吃，所以每到秋天沙米结籽了，母亲就要到沙漠里去捶打收集这些籽作为口粮的补充。沙米又名沙蓬，喜欢生长在干旱、半干旱地区的流动沙丘和裸露沙地上，是村子周围沙窝里常见的植物，它结的籽可以捶打下来当粮食充饥。母亲每次外出捶沙米，都带着年仅三岁多的王有德。母亲一边劳动，一边叮嘱孩子跟紧她。

有一次，母亲带着小王有德去沙漠里，找到

一个长了沙米的沙窝，母亲就专心致志捶打收集那些珍贵的口粮了，王有德则乖乖地在一边玩沙子。这个沙窝里的沙米收完了，母亲就转到下一个沙窝，王有德也跟着母亲挪到下一个沙窝。

也不记得挪了几个沙窝了，太阳当空照着，晒得人昏昏欲睡，不知不觉间，王有德歪在沙窝里睡着了。专心劳动的母亲没有注意，就转移到了下一个沙窝。不知过了多久，王有德猛然惊醒过来，发现母亲不见了，吓得哇的一声大哭起来，一边哭，一边跑着到处找母亲。茫茫大沙漠，一眼望去无边无际，完全分不清方向，他不知道自己跑反了。他跑得鞋子掉了，衣服也脱下来掉了，越跑离母亲越远。三岁多的孩子，又惊又怕，在沙漠里连滚带爬，体力很快就耗尽了。这茫茫黄沙啊，让小小的王有德心里充满了愤怒和绝望，他真希望一位神仙从天而降，为他搬走眼前的黄沙，为他搬来亲爱的母亲。

当然，不会有神仙出现。又饥又渴、又惊又怕的小王有德又一次在一个沙窝里昏睡过去。

等到母亲发现一直跟在身后玩耍的孩子突然

不见了,她立刻回到上一个沙窝里寻找,可是沙窝里早已不见了孩子的身影,只在沙地上留下一串凌乱的小脚印。母亲顺着脚印一路寻过去,但走了没多远,随地而起的风沙就抹去了孩子的脚印,眼前的沙丘平滑而安静,好像没有被任何人踩踏过。母亲这时已顾不上沙米了,她疯狂地在附近几个沙窝里跑来跑去寻找孩子,一边找一边叫。可回答她的,只有耳边呼呼的风声。

突然,她在沙地上发现了孩子的两只鞋子,它们一只倒一只顺,被半埋在沙子里。再过去一点儿,孩子的外衣也躺在沙地里。母亲哭了起来,她想,孩子一定是被狼叼走了。

万幸的是,母亲顺着鞋子和衣服掉落的方向继续朝前寻找,终于在一个沙窝里发现了还在昏睡的王有德。

这件事情,因为发生时王有德年纪还小,他只能记得个大概。母亲却一直心有余悸,后来多次跟他提起这件事。母亲说:"你们在本来应该快乐玩耍、无忧无虑的年龄,跟大人一起承担了太多的生活重担。沙漠,不仅害得我们生活如此

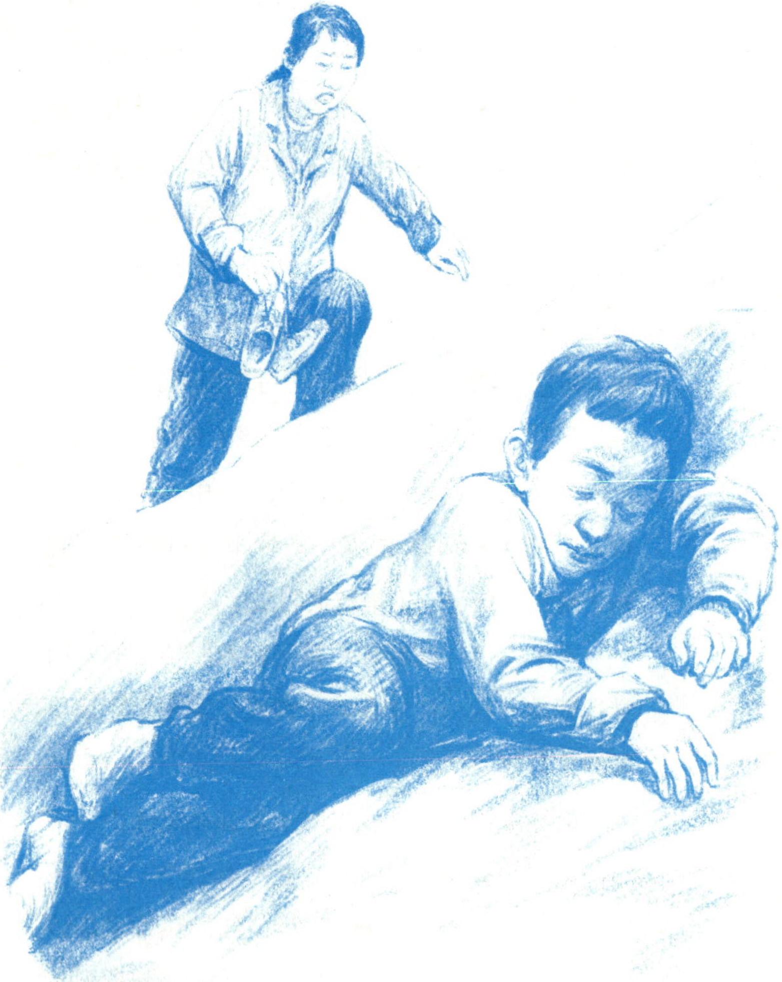

贫困，还差一点儿要了你的命啊！"

那次沙子没能要了王有德的命，但几年以后，还是因为沙子，母亲痛打了他一顿。

母亲是因为什么事情这么生气，要用这种方式来管教孩子呢？

说来说去，还是风沙惹的祸呀！

在王有德的家乡，每到十一月份，就开始刮风扬沙，两三天一场风，两三天一场沙，一直要刮到来年五月份才会停止。风沙弥漫，一层一层的黄沙，淹没了道路，淹没了农田。家家户户的院子也会被越积越厚的黄沙盖住，家里的门则被沙子挡着，无法正常开启。村里人进出家门，就直接踩着沙子从窗户里爬进爬出。

在刮风沙的这差不多半年的时间里，院子里的沙是没法清理的，只有等到风沙停了，家家户户才开始清理积沙。王有德家窑洞前是一个五十多平方米的大院子，院子里堆积了一米多厚的黄沙，要把这么多黄沙全部清理出去，是多么繁重的一项工作啊！母亲安排家里几个男孩子来干这个活儿，每天清理多少沙都有任务。

从王有德七八岁起,他就开始做这件事了。每天放学回到家,没有时间休息,更没有时间玩耍,小小的人儿,抡起铁锹,一铲一铲又一铲,汗水像小溪一样从脸庞流下,双手酸胀得好像下一秒就举不起来。可眼前那细细密密的黄沙,好像一粒也没有减少过……

这么小的孩子,谁不想玩耍呢?王有德从记事开始,每天一大早就被母亲叫起来,出去捡拾牛粪、羊粪、鸡粪,有一点儿空闲时间,就要去砍柴、拉水、挖甘草、砍麻黄……对孩子来说,活儿再多,也需要有偶尔玩耍放松的时间啊!何况清沙这样的事情,也不是一天两天能完成的,总是要花费一个多月的时间才行。它也不像砍柴、拉水这些紧迫的家务活儿,不干家里就没饭吃没水喝。所以每到清沙季节,家里的四个男孩子,就时常瞒着母亲去玩一玩,经常不能按照母亲的要求按时完成任务。即使会被惩罚,大家也想争取一点儿玩耍的时间。

眼看院子里的黄沙不能按计划完成清理,母亲又气又急。有一天放学回到家,王有德再一次没有按母亲的规定立刻清理沙子,而是偷偷溜出去玩了。母亲一气之下,狠狠地打了他。母亲问他是不是记住了这次教训,王有德疼得哭都哭不出来,只能重重地点点头。这一次,他是真的记住了。此后,他再也没有因为玩耍而耽误了自己该做的活计。

王有德不恨母亲,不怪母亲心狠,他只恨那个大沙怪,天天兴风作浪,真是太欺负人了。它不仅摧毁庄稼,伤害牲畜,还把人们的整个生活都破坏了。

是的,随着王有德由一个小孩子长成一个少年,大沙怪对人类的迫害也一步紧似一步。就在这十几年的时间里,周围的田地全部被毁坏了,周围的道路全部被淹埋了,曾经绿浪翻滚的马家滩镇马家墙框子村,像周围其他村庄一样,再也无法住人了。在王有德十八岁那一年,也就是一九七一年,王有德一家含着眼泪搬离了自己的家园。

年轻的王有德没有想到,十多年以后,命运再次把他领到沙漠跟前,而且是让他站在最前沿,成为与沙漠抗争、重新夺回家园宝贵土地的领头人。

自学成才

满打满算，王有德在小学也就读了三年书。

那时，王有德在乡里的小学读书。学校就三间房子，进行复式教学，一到三年级一个教室，四到五年级一个教室，由老师轮流给每个年级的孩子们上课。教室里，桌子和椅子都是黄土垒成的，条件非常艰苦。

可是，就是这样的条件，王有德也只享受到三年级，此后他就辍学了。一是因为家里孩子多，实在太穷了；二是社会环境不稳定，学校不能维持正常的教学秩序了。王有德就这样回到了村子里，种地、放羊、挖甘草、砍麻黄、到生产队参加劳动……尽全力养活自己，同时试图为父母和大家庭分担责任。

时间就这样飞快地过去了。到王有德十九岁的时候,他已经长成了一个浑身充满力量的清秀的大小伙子。这时,当地的水电局成立了一个打井队,专门为山区老百姓打井找水。王有德进入了这个打井队。

当地因为干旱少雨,老百姓吃水非常困难。他们大多吃含氟量很高的苦咸水,几年下来,大家都变成了"黄脸婆""黄脸汉",一口好好的牙齿也变黄、松动了,而且还个个弯腰驼背。为了老百姓的身体健康,上级领导号召打井队为老百姓找到甘甜清洁的地下饮用水。

打井队一直在高原上流动,风餐露宿,饥一顿饱一顿。大多数时候,在选定一个地点之后,他们花了大力气,挥洒了无数汗水,却只挖出一口干井,一滴水也不见。

辛苦和劳碌并没有打倒年轻的王有德,他反而利用这几年在外面的时间见缝插针,有什么学什么,学得了一身生活的本领。

打井队拥有各种各样的机械和车辆,钻机、

汽车、柴油车、拉水车、推土机、拖拉机等，各有各的用途，各有各的结构和功能。聪明勤快的王有德一有空就琢磨、研究，并跟在开车师傅的后面时刻观察、发问。没多久，他就跟着马师傅学会了开手扶拖拉机和二十八马力拖拉机，又跟着张师傅学会了开七十五马力的大拖拉机。除此之外，他还跟着张师傅学会了修车，所有的车辆他都能拆开再装起来。打井队的车子已经很旧了，路况又不好，车子动不动就会出毛病，熄火趴窝。这时王有德就东捣鼓西捣鼓，车子经常在他的捣鼓下又重新开始工作。

就这样，王有德在打井队当了四年工人，不仅学会了打井的所有技术，还学得了一身跟汽车有关的本领。

一九七六年，王有德离开打井队，来到北沙窝林场当了一名林业工人。

林场可是一个全新的领域，王有德要求自己干一行爱一行、干一行学一行。作为一名生产一线的林业工人，应该要学会育苗、造林、林木管护、技术修剪、病虫害防治等一系列专业知识，王有德从头开始，跟在老工人身后认真观察、虚心请教，同时找到相关书籍认真阅读，并与实践经验相互对照。在林场的时间里，王有德获得了宝贵的林业技术方面的基础知识。

当时，林场有一辆手扶拖拉机，林场场长有事时会用这辆手扶拖拉机。因为王有德会开车、修车，所以经常给场长当司机。王有德聪明机灵、做事肯动脑筋的个性和做事踏实、认真负责的态度给场长留下了非常深刻的印象，觉得他是一棵好苗子，可以好好培养。

一九七八年，王有德被调到了林业局机关工作。

对王有德而言，这又是一个全新的领域。他要从事的是财务工作，出账、入账、会计、出纳……这全是他没有接触过的、完全陌生的工作，他又一次面临新的学习和新的挑战。好在王有德并不胆怯，不懂就问，不懂就学。只要付出辛勤和汗水，就一定能学会更多的知识，这是王有德二十多年的成长经历教给他的金科玉律。

那时候，他对面办公室有一位姓张的老会计，做了一辈子财务工作，藏着一肚子的真本领。王有德便把他当成了自己的师傅。张会计也真不含糊，他非常喜欢这个小伙子爱学习爱钻研的劲头。王有德那时在财务方面真是"一穷二白"，连财会人员最基本的功夫——打算盘都不会。于是，张会计就从打算盘教起，然后手把手地教他做各种凭证、记录账目。那时没有计算机，也没有计算器，所有的会计工作都是手工进行。教了一段时间以后，张会计把所有要做账的票据都交给王有德，让他把记账凭证做好，做好再记账；到月底的时候，又教他出纳和会计怎样对账，必须每笔账都要相符，账和款也才会相符。就这样，王有德的财务工作渐渐上手了。

有一次，王有德突然发现，每年国家都会给各乡镇下拨大量资金，可每年结账的时候，这些资金都不见效益。心痛之余，王有德就给组织提建议，他提出把资金与效益挂钩，国家投入资金要有效益，给了多少钱要干多少事，充分发挥资金的使用效益。在这个建议的基础上，他又进一步提出了对资金进行有效管理的办法和措施。这些建议和措施得到了上级的高度重视，并得到了采纳和推广，使得国家财产得到了保护，并促使各乡镇良性发展。

那一年，王有德所在林业局的职能资金使用得到了自治区的表彰奖励，林业局作为财会先进单位受到了表彰，王有德个人也获得了财会先进个人的光荣称号。作为当年最年轻的财会先进个人，王有德还在表彰大会上做了交流发言。

这一次建议，可以说是王有德在资金管理和经营管理方面的第一次牛刀小试。

从一九八〇年到一九八五年，王有德都在刻苦学习财会知识。老会计的培养，加上刻苦自学，使他正式成为一名会计员。后来通过考试，他取得了助理会计师的证书；再后来，他被评为高级会计师。

也正是这几年，王有德从财会知识入手，逐渐熟悉经营管理，为以后到白芨滩林场去当经营副场长、全盘负责林场的经营管理打下了良好的基础。之后他在林场实行的多种改革措施，比如打破"大锅饭"、实行计件工资、多劳多得等，都是这几年学习财会知识和经营知识的进一步发挥和延伸。

那么，王有德的林业专业知识又是从哪里学来的呢？除了在北沙窝林场当一线林业工人时学到的最基础的林业知识以外，王有德一九八五年到白芨滩林场当副场长后，一边工作，一边在中央农业干部管理学院举办的果树栽培班学习了几年，学习果树的栽培、管理、修剪，取得了林业大专的文凭。在此基础上，他在林场边工作边摸索边实践，在引种育苗、树木栽培、探索防沙固沙植被等方面取得了一系列研究和实践成果，他一步步取得了林业助理工程师、工程师、高级工程师的专业职称。

能成为两个完全不同领域的高级人才，是多么不容易，又是多么难得啊！这些工作积累和知识储备，为王有德走上新的工作岗位，发挥治沙专家和领头人的模范作用打下了坚实的基础。

大沙怪，我又来了！

一九八五年三月，西北大地上，寒冬还盘踞着迟迟不肯离去，但空气中已经弥漫着春天温暖的气息了。

王有德一脚踏进了白芨滩防沙林场的地盘。

这个时候的王有德已经长成一个英气勃勃、一表人才的青年人了。三十岁出头的他就像一棵青翠挺拔的白杨树，充满生机。面对自己未来的人生，他有着无限憧憬和向往。

孔子说"三十而立"，三十岁正是一个人确立自己的人生理想和奋斗目标，并决心为之努力一辈子的时候。

可是，王有德没想到，在这个最好的年纪，

他的人生理想和奋斗目标，竟然跟那个毛乌素大沙怪紧密地联系在了一起，他又一次回到了曾经逃离的大沙怪的面前。这一年，头脑灵活、积极肯干、学习能力非常强的王有德又一次得到了领导肯定，上级领导觉得他能够发挥更大的才干，于是将他调离林业局财会工作岗位，任命他为白芨滩防沙林场副场长。

白芨滩防沙林场始建于一九五三年，位于宁夏回族自治区灵武市东部荒漠区，毛乌素沙漠的西南边缘，正是十八岁那年王有德和家人以及众多乡亲逃离的地方。

这个防沙林场的建立是有重要的意义和任务的。它的任务就是要阻止毛乌素大沙怪的进一步西进和南移，防止它不断吞噬外围的村庄、农田、牧场和道路，减少向黄河的输沙量，确保黄河河床稳固。在二十世纪六七十年代，这个林场曾经非常有名，广大林场职工开荒造田，打井引水，植树造林，与大沙怪奋力斗争，是受到国务院表彰的治沙防沙先进单位。

可是，现在，站在林场的土地上，王有德一

片心惊，一阵心寒。

荒废的苗圃，枯死的树木，破败的土坯屋，被淹埋的林间路，真是飞沙满地滚，极目荒凉地……这里真的曾经是翠绿一片、辉煌一时的林场吗？十几年的时间，白芨滩防沙林场究竟发生了什么？大沙怪为何会再一次兴风作浪？为什么一切的生产生活好像都停顿，甚至倒退了？

前途、未来、一辈子的事业，真的就要埋没在这一片没有希望的荒漠之中吗？

或者，理想的种子在荒漠之中也能生根发芽，茁壮成长，蔚然成林？

在此前一年，也就是一九八四年，王有德曾搭乘朋友的越野车回过一次他们早年逃离的家园。从十八岁搬离马家墙框子村，时间一晃已经过去了十几年，当越野车艰难地爬过被黄沙埋没的道路，停在曾经有袅袅炊烟、鸡鸣狗叫、小伙伴们嬉笑打闹的村子跟前，王有德差一点儿流下了眼泪。眼前的村庄，已是一片废墟，被遗弃的窑洞门窗已经东倒西歪，那些曾经热热闹闹、人们进进出出的院子，早已被黄沙淹埋。放眼望去，原本长满绿树的岗涝坝，已经光秃秃的，漫漫黄沙已经翻越了整座山岗，占据了山头；小时候和小伙伴们一起挖过甘草、砍过麻黄的头道梁也已经被黄沙淹埋了半截……

其实，这片土地的实际情况比马家墙框子村一个村庄被淹埋更加残酷和严峻。这几年王有德在林业局工作，他知道更可怕的数据：就在这十几年间，方圆几十公里的土地上，前后有数个村庄被黄沙淹埋，上万名群众被迫迁移，上百种动物销声匿迹……

白芨滩防沙林场，还有周围的其他林场，本应负起阻止风沙推进、保卫村庄和家园的责任，可是，为什么连林场也变成了这个样子，也变成了被大沙怪欺负的受害者？

一阵风沙吹过，在王有德的头发上、衣服上留下了一层沙尘。一瞬间，少年时代艰难困苦的岁月一一在他眼前闪过，被黄沙淹埋的一个个村庄好像在发出强烈的召唤和呐喊。逃逃逃，逃是办法吗？逃到哪里是个尽头？

王有德站在被黄沙淹埋的林场小道上，望着

眼前茫茫无际的大沙海,狠狠地捏紧了拳头,他在心里大声喊道:"大沙怪,我又来了!这一次,我绝不会逃跑!你就好好等着吧!"

看得见阳光的屋子

看得见阳光的屋子,这多像一句美丽的诗。

可是,这里没有诗,只有残酷的现实,只有一贫如洗的生活。

王有德低头走进一户破旧的土坯房子里,还没来得及开口,一束阳光自屋顶直接照到了他的眼睛里。王有德抬起头,眯起眼睛,他看到了千疮百孔的屋顶。一束束灿烂的阳光正在屋顶上跳舞,它们调皮地穿越屋顶上的小洞洞,在昏暗的房间里舞成一片。

"太阳还真好呢!"王有德苦笑着说。

屋主尴尬地站在那里,一时不知说什么好。他是白芨滩防沙林场的一名老职工,他没想到刚刚到任的副场长会突然跑到家里来。

"出太阳倒没问题,要是刮风或者下雨就很惨。"屋主回答。

"刮风的话,沙尘会灌满屋子,锅里、床上、地上全是黄沙。"王有德接上屋主的话,这个他太熟悉了,完全可以想象得出来,"但是下雨的话,你们怎么办呢?"

"下雨嘛,那就锅碗瓢盆全用上,哪里漏雨就放哪里接,接满了倒掉,再接着接。"屋主不好意思地回答。

王有德很想接着屋主的话开句玩笑,但是他的心情非常沉重,实在开不了口。屋子里一下子安静了。

说真的,在来白芨滩防沙林场之前,王有德无论如何也没想到林场职工的生活条件会这么差,日子会过得这么困顿。在直接跑到职工家里调研考察之前,他脑海里只有一些具体的数据资料。作为以防风固沙、改善生态环境为主的公益性林场,白芨滩防沙林场每年的全部收入来源就是国家财政下拨的十五万元,这点钱既要养活一百九十八名工人，又要保证基本的造林育苗等生产任务。至于治理沙漠，根本顾不上，那需要大量的资金投入和补贴，没有钱就干不了。每名职工全年的收入只有几百元，连最基本的柴米油盐等日常生活用度都没法保证，哪有动力好好工作？有三分之二的职工要求调离林场，试图另谋生路。

王有德接手的这个林场，真是比一盘散沙还散。

人心散了，比什么都可怕。

王有德告诉自己，做什么工作都得有人才行，当务之急是要把人心挽回来。

他开始一家一家往职工家里跑。他要了解职工们过着怎样的日子，他们心里是怎么想的，林场的问题到底出在哪里。

这一跑，王有德的心情更沉重了。

去到另一位老职工家里的时候，他们家正准备吃饭，见副场长进来了，女主人贺秀丽赶紧盖上了锅盖。

贺秀丽局促的动作引起了王有德的注意，他

走上前去，一言不发揭开了锅盖，锅里焖着一锅米饭，舀起一口放进嘴里一尝，王有德明白了，这家人吃的是用酱油拌的米饭，因为没钱买菜，酱油就算是菜了。

王有德很艰难地咽下这口米饭，沉默半晌，他从衣兜里掏出五块钱，塞给贺秀丽。

"这怎么成……"贺秀丽不接。

"拿着吧，拿去给孩子们买点肉、买点菜！"

看到王有德眼圈都快红了，贺秀丽只得接了这五块钱。

趁着王有德在跟家里人闲谈的时候，贺秀丽拿着钱出去了，一会儿工夫，她手里拎着一袋盐回来了。她把剩的钱还给王有德，说："谢谢副场长！我用你给的钱买了一袋盐，还剩四块五毛钱还给你。副场长啊，我们家好长时间都没吃盐了！"

一刹那间，王有德的眼眶湿润了……

吴全礼、马学升、孙喜、郭登玉、兰志国……一家一家跑下来，每家情况都差不多。这些都是奋战在抗沙前沿的一线老职工啊，这么多年来，他们把自己的青春岁月都交给了林场，自己却住在破败不堪、屋顶漏雨的土坯房里，过着没油没盐，甚至吃不饱的日子。没有电，只能点煤油灯；吃的粮食和菜要靠人从五十公里以外的灵武城背到沙漠来；孩子上学、家人看病都得历经千辛万苦到外面去投靠亲友……

这样的日子，谁还能安心待着呢？人心怎么能不散呢？

人心散了，防沙治沙大业又怎么能做好呢？

坐在桌前，就着煤油灯，王有德写下了这样的调研笔记："组织上安排我到白芨滩工作，开始觉得到这里荒毛石岗，能有啥作为？年轻人生活应该有志向。现在我突然明白了，能让这些朴实的职工有活干，有钱挣，有盐吃，不就是我的志向和目标吗？"

要治沙，先治穷。只有改变职工困顿的物质生活，才能挽回人心；人心回归了，才有跟沙漠抗争的力量。

王有德渐渐理清了自己的工作思路。

废物是这样变成宝贝的

要说大沙怪怕什么东西，可以说沙柳就是其中之一。

沙柳是一种生长在沙漠里的植物，它简直就是大沙怪的死对头。它的根系牢牢扎于地下，像蜘蛛网一样向四面八方延展，最远能够伸展到一百米远的地方，一棵沙柳就可以将周围的流动沙丘牢牢捆住，是最理想的制服大沙怪的树种之一。它还不怕沙压。别的树种和庄稼，只要一起风，被沙一覆盖，马上就奄奄一息。沙柳可不吃这一套，沙越压，它长得越起劲，简直是蓬蓬勃勃。而且，它还像韭菜一样，具有"平茬复壮"的生物习性，越砍它的枝条，它就长得越旺。如果不砍掉已长成的枝条，过不了几年，它反而会成为枯枝而逐渐失去生命力。

所以，给沙柳平茬，是林场职工的一项重要劳动。平茬砍下来的沙柳条子，除了一部分被林场工人拉回来当柴火烧，大部分就被丢弃在沙漠里，成了废弃物。

王有德一个人在沙漠地里转悠。

四月的天气，已经非常温暖，因为沙子吸收了热量，被太阳照射的沙漠地，已经有了一点儿炎热的气象。

王有德一路走走停停，让思绪飘过眼前高低起伏、连绵不绝的沙丘，飘过沙丘里一丛丛蓬蓬勃勃的沙柳。俗话说，靠山吃山，靠水吃水，靠着沙漠就得以沙漠为生。可是，这风沙肆虐、荒凉贫瘠的土地，又能给人们捧出什么宝贝来呢？

王有德的目光停在了沙地上横七竖八的沙柳条子上。这是林场工人在刚刚过去的冬季里为沙柳平茬砍下来的枝条，它们躺在沙漠里，风吹日晒，已经变得枯黄。

王有德停下脚步，若有所思地看着它们。这

是沙漠里珍贵的绿色植物啊，居然就这么被废弃了。他拿起一根条子，信手折了几折。没想到，条子的柔韧性竟然非常好，即使已经枯黄了，被来来回回折了好几个圈，也没折断。

看着手上的圈圈，一道灵感的闪电在王有德脑海里划过——这不是有现成的宝贝吗？这可是能变废为宝、立竿见影的宝贝啊！

王有德激动地蹲下身去，抓起几根条子，三下两下扭成了一个可以装东西的篮筐一样的形状。

没错，这些废弃的柔韧的沙柳条子，可以用来编织装水果的筐子！要知道，灵武有种植水果的悠久历史，是著名的"水果之乡"，而买卖水果需要用大大小小各种筐子来装。当地对水果筐的需求量非常大，过去王有德在林业局工作，这个情况他可是非常了解的。还有啊，白芨滩林场附近就有一个煤矿，到矿井下去开矿挖煤需要柳笆子挡煤，拉输电线路需要柳条筐装瓷瓶，这些地方对植物编织器具的需求量也非常大。

组建柳编厂！组织林场工人用这些废弃的沙

54　中华先锋人物故事汇　王有德

柳条子编各种篮子筐子，卖了换钱！这样至少可以为职工赚取一部分米钱、菜钱、油盐酱醋钱，还可以为林场闲散人员找一条出路！

王有德扔掉手上的条子，转身就往回跑。他是个讲求效率的人，有了想法就得马上进行下一步工作安排。

"王场长，一个水果筐子可以卖两元多，一条挡煤的柳笆子可以卖三元多……"被王有德派出去进行市场调研的员工非常激动地向王有德汇报。

太棒了！这么说，这个柳编厂完全可以创造经济效益，它营建成本低、收效快，可以成为改善林场职工生活的第一线曙光！

说干就干！

平整场地，寻访工匠，组织员工……很快，柳编厂正式成立了。厂里开始紧锣密鼓地生产，王有德则背着干粮，奔波于周边的矿区、果园、林场，并远赴内蒙古、陕西等地相关单位，一个月后，他带回了一大批购买柳编产品的合同。

"按劳取酬，多劳多得！"王有德挥舞着一只手,大声对大家说,"我们还要把沙柳平茬跟柳编厂效益结合起来,谁完成的平茬面积越多,收回的柳条量越多,完成的柳编任务就会越多,获得的收益也就越多。"

王有德话音刚落,全场顿时响起了雷鸣般的掌声。

这可太好了!谁付出的力气和汗水多,谁赚的钱就多!这本来就是天经地义,可有时候并不是这样:曾经,种十棵树和种一棵树,给十棵沙柳平茬和给一棵沙柳平茬,所得的报酬是没有区别的,那谁还愿意做那辛苦的冤大头啊?白芨滩防沙林场为什么变得破败不堪?不就是因为不管付出多与少,大家都在一个锅里吃同样的饭菜吗?

打破"大锅饭",按劳取酬,多劳多得,这些经营改革的思想是王有德在刻苦学习财会知识的时候就领悟到的。现在,他把书本上的理论知识真正搬到实践中来了。

大家的劳动积极性一下子就被调动起来了,死气沉沉的林场一下子就活跃了起来。看着大家的柴米油盐终于有了着落,看着大家的信心终于开始回归,王有德大大地舒了一口气。

但王有德知道,这只是一个小小的开始,后面的路还很长很长。

异想天开造果园

时间来到一九八六年，王有德到白芨滩防沙林场任职已经一年多了。

就在这时，王有德抛出了一个比建柳编厂大胆得多的计划——在灵武县城以北一个名叫北沙窝的流动沙丘地带开发五百亩沙漠地，种植果树，发展经济林，争取取得优良的经济效益，为进一步改善职工生活和以后治理沙漠赢得资金来源。

这个设想一公布，林场一下子炸锅了。

"这是疯了吗？要改造五百亩沙地，这是要扔进去多少钱啊？"

"是啊，我们一年就十五万块钱财政拨款，发工资都不够呢！还白白往沙地里扔钱！"

"不光是钱的问题，我们也没有技术啊！谁也不会种果树，何况还是在沙漠里种果树呢！"

"还有人工问题，我们本来就有植树护林任务，谁还愿费那么多功夫去搞什么没影的果园呀！"

职工们议论纷纷，大家都觉得这个计划不可能实现，难度太大了，风险也太大了，肯定会打水漂。

职工们的担忧，王有德当然早就想到了。他从来就不是一个莽汉，他当然知道这件事情有多难，听上去有多么异想天开。

"同志们，我们是一所专门跟沙子打交道、除了沙子什么也没有的林场，如果不跟沙较劲，不向沙讨生活，那还有什么出路？有天大的困难也得克服，也得自己想方设法往前闯啊！"

当王有德的声音在会场响起的时候，全场一下子安静了下来，职工们都竖起了耳朵。王场长说得对！我们这里除了沙子，确实什么也没有！

"我知道我们现在最缺的就是钱，我们一无

所有，但我们有白芨滩人几十年与风沙搏斗的豪情，有吃苦耐劳、艰苦奋斗的优良传统，如果不自力更生，就啥也别想干了。我们完全可以用精神凝聚人心，鼓舞干劲，提振信心！"

王有德的话饱含深情，铿锵有力，深深打动了大家的心。

是啊，难道我们真的要这么一辈子穷下去吗？没有钱，但我们有力气！连力气都舍不得花，那也就别活了！

何况，从技术到资金，从水渠、水泵的建设到沙地的平整，每一样工作王有德都仔细地思考过。

没什么好多说的，一个字：干！

北沙窝工地上，搭起了临时帐篷，王有德带领一班人马住进了帐篷里。

在沙漠里吃住，可真不是一件好玩的事情。有时一口饭扒进嘴里，一咬，咔嚓，牙齿差点崩掉！是无孔不入的沙子刮进米饭里了。晚上睡觉，可一定要记得好好抖抖被子，不然，就得枕着一床的细沙睡觉了。

不过，这些都是生活上的小事情，要在沙漠里凭空变出一座果园来，这才真是一件大事情！要做的工作可不是一件两件，而是一连串艰巨的工程。建造泵房、修砌水渠、推沙平田是首先要做的工作，挖坑施肥、栽种树苗、防沙护林是马上要跟进的后续工作，每一项工作都是艰苦卓绝的劳动，需要花费大量人力物力。

转眼间已是三伏天，白天沙漠里的温度动不动就蹿到惊人的六七十摄氏度。就是在这样的天气里，王有德带领大家伙儿头顶高悬烈日，脚踩滚滚热沙，赶做修砌水渠和水泵的工程。水，可是沙漠种树的命脉呀，天气再热，也不能耽误砌水渠的任务。

嗨哟，嗨哟，大家加油干呀！

在沙漠里修砌水渠必须用水泥板，水泥板从哪来呢？买了水泥和着沙子自己打制！在水泥板打制现场，工人们正在紧张地劳动着。王有德这个场长呀，名堂就是多，他把大家分成了几个小组，搞起了劳动竞赛！

谁也不想当最后一名，都想争第一。可是比

赛的结果，让其他小组都傻了眼：王有德带队的那个小组，竟然最多的一天打出了五百八十块水泥板！而其他小组，一天最多只打出二百一十块。

不服还真不行！

打好的水泥板，每块重达二十五公斤，要人工一块一块背到砌渠现场。

大家一块一块背着，一趟一趟跑。

偏偏王有德一趟要背两块。

两块重重的水泥板，小山一样压在背上，走进热气蒸腾的沙漠里，汗水狂流，全身的衣服没有一根纱是干的，可他还是要背两块。

薄薄的衣衫挡不住水泥板的重压，后背磨破了，被咸咸的汗水腌渍着，热辣辣地疼，可他还是要背两块。

脚陷进滚烫的沙子里，被烫出一个个大大小小的水疱，泡在咸咸的汗水里，疼得比后背还厉害，可他还是要背两块。

王有德知道，自己的一举一动，工人们都看在眼里。他要让他们看到，与沙漠搏斗的人，就

64　中华先锋人物故事汇　王有德

是要有这样的干劲!

工人们看在眼里,敬在心里。在王有德的带动下,很快,挖砌水渠的任务顺利完成了。

除了水渠,泵房的建造同样非常重要,也同样是一件力气活。有了水泵,才能将不远处干渠里从黄河引过来的水抽到支渠里,再抽到毛渠里,然后灌溉到果园里。

王有德站在工人们中间,大家一起往泵房顶运送空心板。

"大家小心一点儿,注意安全!"王有德抬起头,看着空心板往屋顶方向慢慢移动。

突然,一块板子不慎脱落,沿着支架往下滑,眼看马上就要砸到一位工人身上了,王有德猛然冲上前去,一把推开惊呆的工人,自己横身挡在了前面。

随着一声闷响,空心板重重地砸在王有德身上,把他砸晕了。

全场工人都大声惊呼起来。有人忍不住流下了眼泪。

得赶紧送医院!要不然会出大事!

就在大家手忙脚乱准备把王有德送去医院的时候，他醒了过来。

他推开忙乱的大伙儿，微微一笑，说："不碍事不碍事，一块板子砸一下打什么紧？大家抓紧时间干活吧，这个时候可不敢耽误活计啊！"

说完，他忍住胸口的闷痛，若无其事地站起身，招呼大家继续刚才的作业。

这个关键的时候，他哪有时间、哪有心思上什么医院呀！

这么大的一件事情，王有德硬是这样挺了过来。第二天，他还拖着受伤的身体到北京去，他要去反映马家滩油田过度开采林区地下水，造成林区个别水库水源枯竭、近千亩苗圃损失惨重的事情。

直到几年以后，王有德因劳累过度住进医院，在检查身体时，医生意外地发现他的肋骨处竟然有陈旧性骨折。这是什么时候落下的伤呢？王有德想来想去，才猛然想起当初建泵房被砸这件事来。王有德自己都吓了一大跳，肋骨骨折，他竟然就这样挺下来了！工人们知道后，都感叹不已：王场长真是用自己的生命在为工作拼搏啊！

在建水渠、建泵房的同时，平沙整地的工作也在紧张地进行着。把高低起伏的沙地用机械平整好，按照三十米长、二十米宽的规格分隔成一个个方块，各个方块中间堆出五十厘米高的拦埂，再在拦好的沙地里拌上牛羊粪等肥料，然后按照一定的距离挖坑，坑里埋进去牛羊粪、木屑等可以促进果树生长的营养材料，等到果树一棵一棵栽进去，浇上通过一道道水渠一路引过来的黄河水，沙漠里的果园就算建成啦！

几个月的时间，王有德带领大家奋战在沙漠里，奋战在建设果园的最前沿。他的家距工地仅仅三公里，可他根本就没时间回家，成天吃住在工地上，最长的一次，他竟然五十多天没回过家。

就这样，白芨滩防沙林场的工人们跟着奋不顾身的场长，硬是在沙漠辟出了五百亩果园。

穿行在平整的沙地里，望着眼前一望无际的嫩绿的果树，王有德忍不住伸出粗糙的双手，深情地抚摸着一棵棵身姿挺拔的小苗苗。

小树苗啊小树苗，请你们好好长大吧！你们就是白芨滩防沙林场职工们的新希望啊！

背着重负建工厂

这些天，王有德被一个念头刺激着，简直吃不下饭，睡不着觉。

他的眼睛盯着林场旁边一个欣欣然生长的庞然大物，他的脑子像风车一样转得飞快。

王有德年纪轻轻就走上领导岗位可不是偶然的，不仅仅是因为他有坚忍不拔的意志和吃苦耐劳的精神，还因为他有一颗聪明而且永不停止学习、思考和探索的脑袋。这是成为一个了不起的人必备的条件。

果园已经整好了，可是要等到果树成活、长大结果并获得收益，还要好几年的时间呢！职工的生活还有待改善，治理沙漠还需要大量的资金，钱啊钱，究竟还能从哪里变出钱来呢？

这几天，王有德就在琢磨这个事情，琢磨来琢磨去，他的眼睛就盯上了边上的一个庞然大物。

这个庞然大物，就是挨在林场边上的宁东煤田！这是宁夏最大的煤田，含煤面积约三千五百平方公里，已探明的储量达二百七十多亿吨，被确定为全国十三个大型煤炭基地之一。

这个煤田再大再了不起，跟白芨滩防沙林场其实八竿子也打不着，没有一点儿关系。可是王有德偏偏要把看似风马牛不相及的两家单位扯在一起！

他在脑子里转来转去的就这么一件事情：开采煤矿要很多很多人，需要搞很多很多基础设施建设，要修建厂房啊，住房啊，道路啊，等等。搞这些基础设施建设，不是需要很多很多砖瓦、预制板等建筑材料吗？而白芨滩防沙林场，有空置的土地，有多余的劳动力，地理位置还挨着这个大煤矿，这里面可是隐藏着巨大的商机啊！

没错，王有德想建一家生产砖头的建材厂。

一石再次激起千层浪。

这不是一件像建柳编厂那样比较简单、几乎不需要资金投入的事情，比在沙漠里凭空造出一座果园也要困难得多，建建材厂要投入很多钱。据初步计算，需要投入八十五万元。对于一年只有十五万元财政拨款的白芨滩防沙林场来说，这简直就是一笔无法想象的巨款。

王有德提出这个设想后，从各个层面进行了反复考察、调研、论证、探讨，最后各级领导和群众都统一了认识——采取合资的形式，几家合伙投资建立一家机砖厂！林场需要自筹三十万元搞机砖厂的基础建设，另外五十五万元，由外面的投资方出钱。

三十万元钱从哪里来呢？找银行借钱。这是一件有重大经济前景的事情，砸锅卖铁也得干。

没想到，这三十万元借来的钱刚刚砸进去，突然传来了一个晴天霹雳的消息：合资方突然毁约撤资。说好的五十五万元投资分文不见了，刚刚建设了一小半的灵白机砖厂停工了，林场跟银行借来的三十万元巨款眼看着要打水漂。

三十万元巨款啊，白芨滩防沙林场整整两年、近两百位职工的活命钱！这该怎么给大伙儿交代啊？

这股突如其来的压力实在是太大了！压得王有德白天吃不下饭，晚上整夜整夜睡不着觉，神经严重衰弱，人整整瘦了一大圈。很多人都觉得王有德这一次要撑不住了。偏偏这时还有说怪话的，什么"开发果园还能吃上苹果，砖头能带回家当饭吃吗？捅下这么大个窟窿，责任谁来负？"……

是啊，责任总得有人来背负，打击再大，也决不能就这样躺倒！

王有德咬紧牙关，再一次站起来了，他拖着虚弱的身子，背负着沉重的包袱，开始四处奔走，想要寻找到新的能够出资的合作伙伴。

有句老话说，命运会看顾自强不息、努力奋斗的人。在这个节骨眼儿上，王有德遇到了两位贵人，一位是郝家桥乡建筑公司的吴经理，一位是东塔机砖厂的朱厂长。这两个人看着王有德那张才三十多岁却已饱经风霜的刚毅脸庞，那双因长期操劳而深陷的眼睛,那副风一吹就要倒下却仍顽强不屈地在风雨里奔走的身躯,被深深地感动了!他们慷慨相助,垫付了二十四万元救命钱。

砖窑和烟囱终于建起来了,灵白机砖厂终于可以投入生产了!

王有德用自己的精神和行动挽救了差点半途而废的灵白机砖厂,让它渡过了劫难,赢得了发展的新生机。

一九九〇年九月二十二日,这是一个具有特殊意义的日子。这一天,灵白机砖厂的砖窑和北京亚运会的主火炬同时点火,白芨滩荒漠地里的一颗希望之星开始冉冉升起!

到年底,短短几个月的时间,灵白机砖厂盈利四万元。

四万元,这在当时可不是一笔小数目!它更大的意义在于,非常有力地证明了多种经营的想法和思路是正确的,极大地提振了全场职工的信心和积极性,为填补治沙造林的资金缺口展示了广阔的前景。

看着生机勃勃的机砖厂，王有德抓住时机，再次提出新的设想——建立预制厂，生产基建必需的预制板。机砖厂、预制厂是生产建筑材料的一双翅膀，它们应该共同飞翔，帮助林场获得更广阔的发展空间。

事实再次证明了王有德的远见卓识，这两个厂果然比翼齐飞，获得了良好的经济效益。仅仅五年的时间，就收回了一百多万元的全部投资。

王有德并没有就此止步不前，为了适应市场和经济发展的新要求，赢得更大的经济效益，王有德再一次举起了思想和探索的长矛——对机砖厂和预制厂进行股份制改造，成立了灵武市第一家股份制公司。

股份制改造，简单点说，就是让职工自愿交钱入股，每个人都可以成为公司的股东，如果赚钱了，股东就可以分享利润，公司赚得越多，职工个人赚得也越多。这样，每个职工都变成了公司的老板，大家就会更加齐心协力，更好地爱护公司，更积极地参加生产劳动，为公司赚得更大的经济利益，个人分得更多的钱……从而形成良性循环。

这两个厂收益颇丰,平均每年为林场治沙造林提供三十万元资金,大大弥补了林场治沙造林资金的缺口,为林场最终逼退大沙怪、制服大沙怪提供了坚强的保障。

没说的,王有德真的太聪明了。有人说,王有德如果自己做老板,早就成为千万富豪了。可是,他并没有只为自己,没有闷头发个人的财,而是把这些聪明的主意都用来为大家服务、为林场服务,这是多么难能可贵的品质啊!

父亲看着王有德一路成长,非常欣慰。他觉得自己从小对孩子的教育没有白费。在父亲临去世前,王有德已经获得了很多很多荣誉,成了全国劳模,父亲仍一字一句教导他:"当劳模不能忘本,因为你是农民的儿子,是从农村里长大的;讲进步不能忘党,因为你是在党的培养下逐步成长起来的;讲成绩不能忘人民群众,不能忘广大职工,你是在广大职工的共同努力和奉献下取得成功的;讲分享不能忘家人,亲朋好友和家人,特别是你的妻子对你的支持很大;讲问题不能忘个人，个人有问题有时自己不清楚，要叫其他同志提醒你，知道了就要自己讲出来，要对得起组织，对得起党，对得起人民。"

这些肺腑之言，体现了一个老党员的高风亮节，体现了一个基层干部的忠诚和大义。这些教导，从各个方面为人生把关、为事业导航，它们不仅仅是对王有德的指导，对所有人的成长也有所助益。

沙漠深处开苗圃

一晃,时间到了一九九四年,王有德来到白芨滩防沙林场的领导岗位已经九年的时间了。

在这九年的时间里,林场已经发生了翻天覆地的变化。多种经营与治沙造林双管齐下,各方面的工作都在稳步向前推进。

但有一件事,却一直梗在王有德的心里,变成了他的一个心病。

作为一个国营的防沙林场,林场每年都有植树造林的任务。每年一到植树造林的季节,任务一下来,王有德就犯愁了,因为植树造林需要大量的树苗,而林场本身没有苗圃,需要到外地去大量采购苗木。特别是当林场走出生活和治沙的困境,开始有底气承揽周边地区一些绿化工程的时候，对苗木、花卉的需求量也越来越大。王有德每次奔波在外地购买调剂苗木，心里都觉得憋屈：作为一家林场，居然每年都要花大量宝贵的资金到处去购买别人家的树苗，说出去真是很丢人呢！

当柳编厂、果园、建材厂都良性运转并给林场带来流动资金，同时，自身和周围对苗木花卉的需求越来越旺的时候，王有德抓住时机，再次拍板决策，投资四十万元，建立林场自己的苗木花卉公司。林场自己培育和生产苗木，不仅可以满足林场本身植树造林、治理沙漠的需要，还可以给其他需要的地方提供苗木资源，为职工和林场创造更大的经济效益。

说起苗木培育，可真不是一件简单的事情，不是只要投钱下去就能成功的。灵武本地自生自产的树木品种很少，就沙柳、柠条等几种常见的沙生植物。往年从外地采购树苗，也都局限在几种适合沙地生长的常见树种。王有德到林场以后，看到年年不变的这几个单调的品种，心里很不满足，也很不服气——外面明明有那么多又高大又好看的树种，为什么我们这里就不能用呢？

自此，每年到外地调苗木，王有德都要尝试新品种。每引进一个新品种，他都要先从书本上了解一下这个树种的基本特性，然后在实践中不断地琢磨，总结经验教训，不断地想办法，不断地纠错。在坚持不懈的努力和一次又一次的尝试下，王有德成功地引进和培育了几十个新的树种，让它们成功地在沙漠深处安了家。

樟子松就是王有德成功引进的树种之一，也是他最喜欢的树种之一。他亲切地把樟子松称为"美人松"。

樟子松喜欢强烈的阳光，树根扎得很深，能适应土壤水分较少的山脊、向阳山坡，以及较干旱的沙地及石砾砂土地区。它可以长得非常高大挺拔，最高可以长到三十米，真是又威猛又漂亮。王有德从最初引进这个品种，到最后驯化它适应本地水土气候并大片在沙地种植成功，使其成为本地抗击风沙的战士、绿化园林道路的宠儿，这中间可是经历了很多艰辛和摸索，一路走来，非常不容易。

刚开始的时候，从外地买回来的小树苗一栽下去，过不了几天就死了，它们好像在新的地方根本就安不了家。王有德思来想去，觉得仅仅五厘米高的小树苗一下子适应不了这里的干旱烈日，小树苗还没有力气扎根下去就被晒死了、渴死了。怎么办呢？

王有德想了一个办法，他让工人们将小树苗整个埋进沙土里，每天喷水几次，让这娇嫩幼小的东西躲在阴凉黑暗的地方好好喘喘气，适应适应它们的新家，让它们聚集力气好好地把根扎下去，以便学会自己呼吸、吸收水分。王有德随身背个自制的喷壶，喷壶里装着满满的水，他每天像照看娇嫩的小宝宝一样照看着这些树苗，每天给它们喷水。十天以后，奇迹出现了——工人们扒开沙土一看，一棵棵小树苗精精神神、绿油油地站在沙土里，它们全部成活了。一瞬间，全场欢声雷动，大家真是太高兴了。

扎下了根的小樟子松个子蹿得很快，翠绿的针叶舒展开来，在风中开心地摇摆。最顶上长着最嫩的顶芽，顶芽一天一天长大分叉，引领着樟子松每天向上生长。有一天早上，王有德照样背着自制的喷壶来给小树苗喷水，他猛然发现，在最珍贵最娇嫩的顶芽部位，趴着好些金龟子。它们正在啃食着汁水饱满甘甜的嫩芽，把顶芽整个糟蹋了。

这还了得！这么一吃，这些树还怎么活呀！

王有德立刻发动全体职工，每天一大早来抓金龟子。

可是，谁也没想到，这金龟子像是会变戏法一样，每天抓每天有，第一天抓干净了，第二天一早起来一看，顶芽上又爬满了它们贪婪的身影。

王有德想出了第二招：给顶芽套上个纸套子，保护它们。可是金龟子狡猾得很，它们沿着树干往上爬，只要有一点点空隙就可以钻进去，继续大吃特吃它们的美食。

第二招不管用，王有德想出了第三招：让职工们在树苗间放养鸡。鸡可喜欢吃小虫子了，让鸡来吃这些小虫子，既喂了鸡，又抓了虫子，真是一举两得。

可是没想到，这一招也解决不了问题。鸡虽

然啄食掉很多金龟子，但更多的金龟子还是源源不断地沿着树干往上爬，鸡们根本就不是它们的对手。

眼看着娇嫩的顶芽被啃得七零八落，王有德真是心疼极了。再不想办法，这些好不容易才成活的树苗全部要一命呜呼了。他焦灼地在树苗间走来走去，要怎么样才能保护这些宝贝植物呢？要是有什么东西能阻断金龟子向上爬就好了，让金龟子一爬上去就滑下来，一爬上去就滑下来……

王有德突然灵机一动，他掏出口袋里已经空了的香烟盒子，拆开，做成喇叭状，喇叭口朝上，固定在樟子松的枝干上。他蹲在旁边，眼睛一眨不眨地观察着。只见几只正在往上爬的金龟子，突然遇到这么一个光滑的张开来的怪物，一下子停下来了。它们犹豫了一下，就沿着香烟盒光滑的斜面继续往上爬，不屈不挠地想要到达它们的美食园。可没想到，这一下真的碰见拦路虎了。爬得最快的一只金龟子爬了没几步，就一头掉到了地面上，摔了个四脚朝天。其他的金龟子继续努力往上爬，当然，无一例外，它们一个接一个，也全部掉下来了。

王有德大叫一声，兴奋得一下子从地上蹦了起来，他飞快地跑回场部，召集了全体职工。大家立刻紧急行动起来，用手边能找到的任何材料——硬塑料袋、光滑的纸片、香烟盒子等，手工做成一个个小喇叭，一棵树苗一棵树苗给它们穿戴上。猛一看去，啊哈，就好像每一棵小树苗都穿上了一条倒着的亮闪闪又漂亮的小裙子。

金龟子们完全不明白发生了什么事情，它们还是倔头倔脑地往上爬。可是现在，它们再也别想爬上去，去啃食那娇贵的嫩芽啦！

就这样，樟子松一路"见风长"，非常顺利地在白芨滩防沙林场安了家。

就是凭着这样的探索实践精神，王有德成功地从外地引进了多个树种，极大地丰富了白芨滩防沙林场的树木品种，他自己和广大林场工人也积累了非常丰富的育苗种树经验。

所以，在这个时候成立自己的苗木花卉公司，有地，有人，有技术，正当其时。

公司一成立，就按现代企业框架，建立健全了从苗木生产到苗木培育，再到苗木销售的一条龙生产和管理制度，独立核算、自主经营、自负盈亏。王有德通过与每一个职工签合同的方式，把育苗养苗任务分配到每一个职工身上，整地、播种、施肥、保苗一包到底，他还鼓励工人们积极参与苗木的销售，每一个人都是公司的主人，每一个人付出的劳动、取得的成果都跟他的工资和奖金挂钩。

靠着王有德的现代经营理念，苗木花卉公司刚一成立就欣欣向荣，并很快就有了经济收益。

一九九五到一九九六年间，随着灵武矿区的开发建设以及城市绿化的投入加大，王有德进一步调整优化种苗结构，培育适应城市绿化的优良品种，他从河南、山西、宁夏六盘山等地引进千头椿、华山松、桧柏、云杉及花灌木等近三万株苗木进行培育，使之适应本地的气候和土壤。

为增加花卉品种，满足环境绿化的需求，一九九七年，王有德又从广州调入数千盆花，进行培育繁殖，使苗木花卉公司拥有的产品更加丰富。

二〇〇一年，王有德抓住西部大开发退耕还林、封山育林（草）政策和中日治沙造林项目的机遇，出台一系列优惠政策，鼓励职工积极投身培育沙生灌木的工作。这一年，林场职工们成功培育出一百余万株花棒、柠条、杨柴、沙拐枣等沙生灌木苗。

二〇〇二年，苗木花卉公司已经得到了极大的扩张，王有德对公司进行了股份制经营改制，成立了灵武苗木绿化股份有限责任公司，下面管辖白芨滩、甜水河、北沙窝、大泉四个分公司。部分先进职工或以货币，或以劳力入股，成为公司股东，共同参与公司的管理。全体股东共同努力，进一步推动公司优质发展，使公司成为宁夏花卉苗圃的排头兵。

苗木花卉公司不仅解决了林场的造林用苗，还销售给其他需要绿化的单位，成了为林场源源不断地提供治沙资金的"绿色银行"。

身先士卒斗沙怪

知道大沙怪为什么短短十几年时间就可以吞没这么多村庄、农田、道路,到处横行吗?因为它的力量太大了,要阻挡它的脚步实在是太难了!有一个词叫"十年树木",意思是说,种植、养大一棵树需要十年的时间。而现在,王有德他们可是在土地贫瘠、雨水稀少的沙漠里种树呢!职工们都说,在沙漠里种活一棵树比养个娃娃难多了!种树需要水,需要挖通四通八达的水渠,可是头一天挖出来的沟渠,刮一场风,一夜之间就被填平了;前一天刚种好的树苗,第二天起来一看,已经被风吹得东倒西歪、奄奄一息了;费了九牛二虎之力开垦平整出来的田地呢,一场风沙，就被埋葬得了无痕迹了……

所以在沙漠里植树，搞生态建设，是一项投资非常大、周期非常长，效果却很难看到的事情。

有的工人说，治沙这么花钱，又浪费力气，我们不如少干点这个活儿，拿赚来的钱去干别的事情不好吗？

是啊，在这几年的时间里，林场已经发生了巨大的变化。柳编厂、果园、建材厂、苗木花卉公司在沙漠深处一一安家，生机勃勃地运转，留住了人心，带来了生活的改变，也带来了流动资金的运转。好不容易赚了这些钱，难道又要扔到深不见底的荒漠里折腾吗？

可是王有德却回答说："我搞多种经营，赚来那么些钱，就是用来治沙的！有两种工作不能推托，一种是必须做的，一种是自己喜欢做的。防沙治沙，就是我喜欢做的，又是我必须做的。我就是为了治沙而生的！"

可不是嘛，作为一家防沙林场的当家人，当林场人心重新聚集起来，有了一点儿底气和家底后，王有德想得最多的就是如何更好地跟横行霸道的大沙怪做斗争。

他首先做到的一点就是，任何时候都冲在最前面，给林场职工们起到最好的带头作用和示范作用。治沙是一件艰苦卓绝的事情，没有领导的身先士卒，就很难唤起职工的奉献精神。"喊破嗓子，不如做出样子。"这就是王有德独特的管理技术。

一九九二年十月一日，全国人民都在喜气洋洋欢度国庆，白芨滩防沙林场的场部办公室里，却围坐着一圈人，他们正在满脸严肃地讨论事情，为首的就是王有德。原来，林场接到上级要求开发大泉乡东边八千七百亩沙荒地的任务，并要求在年底初步完成第一期一千亩的开发。时间紧，任务重，王有德顾不上国庆节假期，心急火燎地召开了支部会议，研究开发方案。

"这是我们作为一家防沙林场必须完成的硬性工作，没有一分钱的资金支持，除了全场职工拼命，没有别的办法！今天我们就把开发方案制订出来，明天就抓紧时间开工吧！"王有德一挥手,慷慨激昂地说。

没的说,干吧!

开发方案在全体支部成员的商量讨论中确定下来了。第二天,王有德就带领职工们浩浩荡荡地来到了荒山上,顿时,荒凉寂寞的沙漠深处变成了热火朝天的工地。

进攻沙漠首先要有路,没有路,所有开发工程需要的渠板、水泥、树苗、羊粪牛粪,还有各种工具都运不进去。王有德带领职工们背来沙蒿等草料铺在沙地上,然后再背来碎石料、煤渣等压在草料上,这样工程车就可以行驶了。大家就这样一米一米往前推进,硬是靠着人力铺出了一条通向沙漠深处的道路。

然后,大家在沙漠工地里搭建简易工棚,搭建帐篷,堆砌土灶,将锅碗瓢盆往帐篷里一扔,这里就变成他们临时的家了。

早在一九八六年,他们就开发过北沙窝果园,现在,除了大家的一身干劲,条件并没有好转,甚至劳动强度更大。因为大泉乡东边这一块沙地非常大,寸草不生,满目荒凉,放眼望去,见不到一丝绿色。在这里推沙平田种果树，必须引进水源。所以大家的首要工作还是建泵站，建干渠、支渠、毛渠，以便一级级将黄河水引进沙漠深处。

在沙漠里修建水渠真是太艰难了！首先，大家要扎草方格，把两条渠岸固定下来。将一束束稻草用铁锹拦腰深深地扎进沙子里，扎成一个个四四方方的格子，这样的格子连成一片，就可以将随风乱跑的流沙固定了。渠岸固定好了以后，就可以在中间挖渠铺水泥板了。可是，在沙漠里挖渠简直就是一场噩梦，每每头天挖出的渠道，第二天一场风就被淹埋了，看到自己的劳动成果一夜之间被清零，这真是太打击人的积极性了！

王有德深深知道这一点。按照施工方案，每个职工每天必须挖掘二十五米沙渠。王有德不是普通职工，他是这个大型工程的总指挥，要负责所有的工作。可是，他偏偏要跟普通职工一样，每天也要求自己完成二十五米沙渠的挖掘任务，一厘米也不少。王有德就这样跟着大家挖了十几天水渠。如果水渠被淹埋了，他就带领大家一声不吭重新清理出来。被淹埋一次就清理一次,被淹埋两次就清理两次,大家一看场长这样拼命,谁还敢偷懒,谁还敢抱怨?

在建水渠的同时,推沙平田的工作也在进行着。流动的沙丘借着风的威力,就像一个满怀恶意的巫婆,见渠毁渠,见田毁田,如果不将流沙固定,所有的劳动成果一夜之间就会毁于一旦。所以,平田跟挖渠一样,也要先扎草方格固定住田埂,这样修整好的田地就不会随风乱跑了。第一期工程一千亩的广阔沙地啊,就这样一块田埂一块田埂地固定、平整,一寸一寸跟风沙抢夺土地。固定平整好土地后,再在上面挖下一个一个深坑,在里面埋进去羊粪牛粪,用以改良土壤,为种植果树埋下最初的底肥。每隔一周左右,就要给这些土地浇一次水,压住风沙,让沙地平息躁动的性子,静下心来,等待一棵棵苹果树在自己怀里落地生根、抽芽开花,在沙漠里创造又一个奇迹。

一转眼,王有德带领大家已经在沙漠深处奋斗了一个多月。十一月的西北荒地,气温越来越低，风沙越刮越猛。特别是晚上，大家睡在临时搭起的简陋的工棚和帐篷里，经常会被一股股不期而至的寒气冻醒。有时候实在冻得睡不着了，王有德就招呼大家起来，点起火堆，大家团团围坐在一起，借着火光的温暖，熬过这一夜。

万籁俱寂，长夜漫漫，空中闪烁着又大又亮的星星，它们默默地注视着这一群奋不顾身奋斗在荒漠深处的了不起的汉子。

一天下午，正是上游渠道要放水过来灌地的关键时期。这里的冬天干燥寒冷，如果这时不给修整好的土地灌上足够的水，到第二年开春，这些地就又要沙化了，大家所有的辛苦劳动都要白费了。所以，每一次的冬灌，王有德都特别重视，担心哪里有一点儿闪失，造成意想不到的后果。

这一次，他也像往常一样出来巡渠，看到又一次被大家清理干净的渠道正敞开着胸怀，接纳着上游泵站抽送过来的哗哗流淌的水。看着这些水流沿着各路毛渠哗啦啦唱着歌，流进一块块齐整的田地里，他好像听见了流沙被困住的叹息声,听见了小树苗咕咚喝水时快乐的笑声。

突然,王有德停住了脚步,惊恐地睁大了眼睛。只见一道护渠的水泥板突然被汹涌而至的水流冲垮了,本来被挡住的流沙立刻坍塌,塌出一个大口子。紧接着,水泥板一块接一块,噼里啪啦跌进水渠里,一下子就塌出了一个二十多米的大缺口。

完蛋了!再这样坍塌下去,整个水渠都要废了,冬灌也就泡汤了,大家辛苦整出的田地也全部要废了。

寒冷的冬天,王有德额头上冒出了汗珠。

"快来人啊!渠道塌了!"王有德一边大声叫喊,一边奋身一跃,想也没想就跳进了冰冷刺骨的水流中,用自己的身子死命抵住想要继续往下滑落的水泥板。

听到王场长的呼喊,职工们纷纷赶到。一到现场,大家都倒吸了一口冷气。看着泡在冰水里的王有德,大家什么话也说不出来了,一个接一个跳进冰水中,手挽着手,一起用自己的身体挡住坍塌的口子。

身先士卒斗沙怪 95

"赶紧去搬木柴蒿草过来堵缺口！"王有德一边指挥继续赶过来的职工，一边对已经泡在冰水里的工人们说，"冰水太寒，小心冻坏身子，大家轮流换班吧！"

可是王有德自己却一动不动，在冰水里泡了两个多小时，直到坍塌的缺口被大家用木柴、蒿草等暂时堵住。

这时天色已经黑下来了，王有德终于上了岸，可是他顾不上休息，带领两名工人，开车赶往四十公里外的场部，装了一车黏土，又吃力地将几十个一百多公斤重的水泥管和一些油毡等材料装上车，返回坍塌的地点。利用这些材料，大家将缺口暂时固定整修好，用水管连接起因流沙而中断的水流。

看着水流重新欢快地流动起来，流进一块块田地里，王有德终于松了一口气。

这个时候，已经是第二天早上八点多，天色早已放亮了，沙地里呈现出一片明亮的光。

看着场长疲惫不堪、走路一瘸一拐的样子，大家都劝他回家休息一下。这一段时间，王有德确实觉得身体不对劲，他头痛，晚上睡不好觉，双腿关节更是钻心地痛。可是，现在冬灌还没结束，他放不下心休息啊！他不仅不能放心休息，每天，他还一瘸一拐地去巡渠，一直坚持了七天七夜，直到冬灌结束。

王有德病倒了，住进了医院。经检查，他得了严重的神经衰弱和关节炎。医生说，神经衰弱是因为精神太紧张，太操心所致；关节炎是因为一直在风沙里走路，再加上这一次又在冰水里浸泡了几个小时。

这两样毛病，陪伴了王有德一辈子。

现在，王有德已经近七十岁了，提起这些往事，他深有感触地说："治理沙漠真是太艰难了，那时条件真是太艰苦了！那时我年轻，身体也好，必须奋不顾身才能干出点事业，也才能带动职工们跟我一起干。要说我们林场后来取得了一点儿成绩，都是靠职工们的血汗、职工们大公无私的付出干出来的。"

王有德口中提到的"一点儿成绩"，真的说得太谦虚了。事实是，这片开发地在此后的持续开发中，变成了赫赫有名的白芨滩国家级自然保护区的一部分。王有德带领广大职工，硬是靠着他们的苦干，将横行霸道的大沙怪逼退了二十多公里，形成了全国面积最大的天然柠条林和西北地区面积最大的猫头刺植物群落，这里还有国家一级保护植物发菜、二级保护植物沙芦草、珍稀濒危植物沙冬青等三百多种旱生沙生植物。

有了成片的树林，各种各样的动物就开始在这里安家啦，比如绿翅鸭、白琵鹭、猎隼等，它们可都是被列入《濒危野生动植物种国际贸易公约》的保护对象；还有国家一级保护动物黑鹳、二级保护动物斑嘴鹈鹕，以及美丽的大天鹅、成双成对的鸳鸯、凶猛的鸢；等等。多种动物在这里呼朋唤友、快乐生活，形成了沙漠前沿奇异的景观。

这片巨大绵长的树林在沙漠与人们的生活区域之间竖起了一道厚实坚固的绿色屏障，大沙怪再也不能随便兴风作浪、侵害人们的生活了。

有一次，王有德到灵武市的医院看牙齿，那个医生一看王有德的名字就问："您就是那位治沙的王有德吗?"王有德点点头。医生激动地握着王有德的手,说:"那我不能收您的钱!我要免费给您治疗!您知道吗?以前每到风沙季节,我们的桌子上、盘子里、所有的医疗器械上每天都堆着一层沙,真是苦不堪言!现在可好了,到处干干净净的!都是因为你们把沙给拦住了!"

是啊,植树造林,防风防沙,造福人民,福佑子孙后代,这个小小的事例是一个最好的见证。

每个人都是一片森林

王有德知道,面对广袤无垠、威力无穷的大沙漠,光靠一个人的力量来治理是不可能的。作为一家防沙林场的当家人,如何调动起全场职工的治沙积极性和热情,变"要我治沙"为"我要治沙",这才是更关键的问题。

长期以来,治沙就等于致贫,沙漠绿了,治沙人却穷困潦倒,生活艰难。这样的事情,谁愿意做啊?可是王有德却说:"人家靠山吃山,靠海吃海,我们就靠沙吃沙,向沙漠讨生活!我们每一个人,都要将治沙与致富相结合;我们每个人,都要变成一片富裕的森林!"

大家一听,有的傻了眼——治沙还能致富?

鬼才相信呢！有的跃跃欲试——王场长总是有好法子、好思路，跟着他干活儿，不会有错的！

王有德真的想出了一系列办法，采取了一系列措施，这些办法和措施改变了林场职工被动治沙的状态，整个林场出现了你超我赶、人人奋力治沙的喜人局面，并且还出现了一批靠治沙致富的劳动模范呢。

王有德究竟有些什么法宝呢？

首先，他打破了全场职工的"大锅饭"，把全年的工作分解为具体任务，每个人都要签订责任书。比如，一个职工承担一片荒漠的植树造林职责，那么这个职工就不仅要负责种树，还要负责树苗成活，如果有树苗死掉，就必须补栽；树苗成活了，还要负责后期管理。总之，你自己就是这一片荒漠的主人了，任务完成了，你就可以拿到工程款。完成得越多，拿到的钱也就越多。

后来，王有德还提出并确定了"六个一"的奋斗目标，即一人一年扎一万个草方格，挖一万个树坑，植一万株树，治沙造林一百亩，从治沙造林中实现收入一万元，并按百分之二十的目标逐年递增。

自己当了沙地的主人就是不一样！大家都像照顾自己家里的孩子一样照看自己的责任地，沙漠里的绿色覆盖率和树木的成活率得到了迅速提升。付出越多的辛劳和汗水、治沙越多、树木成活率越高的职工真的赚到了越多的钱。

接着，王有德提出了将治沙与种植果树相结合、治沙与种草养牛养羊相结合的生态复合型发展措施。

早在一九八六年，林场就在北沙窝开发出了上百亩果园。一九九一年至一九九三年，王有德带领大家在大泉分场开发出了两千亩果园。这些果园不仅形成了沙漠前沿的绿色防护带，还成了职工获取收益的园地。到一九九八年的时候，王有德又提出了新的促进果园发展的思路——将这些果园转让给职工个人经营。

这时，林场新来了一位年轻的治沙工人马学海。这几天，他一直处于非常激动亢奋的状态之中，场里的果园转让制度刺激了他，他非常想成为第一批吃螃蟹的人。可是，场里的职工却大都在迟疑观望。"承包果园？这闹的是哪门子呢？这个责任太大了！万一果园经营不善没有收入……"老职工们都纷纷摇头。

"大家知道吗？我们这沙漠地里独特的气候和地理条件呀，让我们这里的水果皮薄味甜，成为水果中的精品，不仅在国内畅销，还能漂洋过海赚取外币呢！果园的开发和经营既可以植树造林，治理沙漠，还一定会成为我们职工赚钱致富的主要渠道。大家要有这个信心！"

王有德的话富有感染力，也非常有道理，马学海终于下定了决心。在爱人的支持下，他一咬牙，拿出了家里仅有的五千元积蓄，交了第一年的果树转让金，承包了十五亩果园。

"小伙子好样的！"王有德赞赏地拍拍马学海的肩膀，"加油干吧！天道酬勤，你一定会得到应有的收获的！"

施肥、剪枝、疏花疏果……种植果树、经营果园的每一步工作，马学海都认真学习，虚心请教，他每天和爱人奋战在果园里，辛勤的汗水洒落在每一棵果树上。老天不负有心人，在精心管理和辛勤劳作下，马学海承包的果园长势喜人、欣欣向荣。如今，他们家已经从果品买卖中赚得了几十万元的纯利。

紧接着，在一项国际援助的治沙项目中，马学海一人投标承包了一千一百亩的治沙工程，是所有职工中承包最多的一个。那时正是七月最热的天气，沙漠里的气温简直可以直接把鸡蛋烤熟，马学海带领家人，背着干粮和水壶，每天天还没亮就出门，一头扑进沙漠里。扎草方格固定流沙，播撒牛羊粪改良土壤，浇水压沙，种下一棵棵翠绿的小树苗……几个月的汗水和奋斗，终于让这一大片荒漠披上了一层绿色的漂亮外衣。当马学海从王场长手里接过厚厚几沓整整五万元人民币的时候，全场响起了暴风雨般的掌声。

此后的两年时间里，马学海又先后治理了一千亩沙漠，还承包了两千亩荒山的治理，并参与铁路、公路的固沙工程，前前后后总收入达到二十一万元。

王有德说："大家都看到了吧？植树造林、防沙治沙跟致富是目标一致的！马学海一个人就播下了一片大森林！他给大家树立了一个好榜样，希望大家都向他学习！"

年轻的马学海站在领奖台上，脸红红的，眼睛里闪着快乐自信的光芒。

除了马学海，林场里还有一位赫赫有名的女劳动模范，她的名字是李桂琴。

当时，王有德为了扶持林场职工发展养殖业，提出每户养一头牛、十只羊，建造一座棚的奋斗目标。谁家养牛养羊了，林场就给谁家补贴，养得越多，补贴越多。李桂琴积极响应场里的号召，还在一九九八年的时候，她一个人就养了十八头奶牛，种植了二十亩草地，还承包了二十五亩果园。种草可以固沙治沙，可以给奶牛提供饲料，奶牛的牛粪又可以给果树和草地提供养料，这样就形成了良性循环。在当时，靠着奶牛和果园，李桂琴家里一年的收入就在十万元以上了。同时，她还是一个治沙能手，她先后承包了五千多亩治沙造林工程，从中获得了三十多万元的收入。

在李桂琴的带动下，林场很多职工都走上了

每个人都是一片森林

这种综合治理沙漠和发家致富的道路。他们很多人都成为"庄园主""果园主"。如果在沙漠深处看到一个正在种树的人,你可要在心中向他致敬,因为,他正在靠自己勤劳的双手劳动致富。

确实,正如王有德所说,每个人都是一片森林,每个人都可以为自己的家园和身边的土地带来新的面貌!

有时候偶尔有点空闲,王有德会一个人在林场里溜达。昔日的沙荒地现在已经绿树成荫,头顶上传来不知名的小鸟叽叽喳喳快乐聊天的声音。王有德抬起头,寻找小鸟的位置。在他的眼前,是密密匝匝、层层叠叠的树叶,小鸟躲在看不见的地方,好像在调皮地跟他捉迷藏,又好像在用它们特有的语言向这个给了它们舒适新家园的人致敬。

赔本的生意做不做

在学校里念书的时候,我们很多人都会有绰号,善意的绰号常用来表示亲昵,恶意的绰号则需要坚决远离。王有德这个场长也有绰号,而且他还有两个绰号,一个是"王大鼻子",一个是"老猴子"。

王有德的外貌有一个非常明显的特征,那就是他拥有一个比别人都大一号的很大很突出的鼻子。这个大鼻子可不是他天生就有的,看王有德年轻时候的照片,那是一个五官标准、眼神明亮、神采飞扬的英俊小伙,这个大鼻子是长期治沙给他留下的烙印。因为几十年风里来沙里去,他的鼻子作为常常裸露在外面的部位,没能得到有效保护，患了皮囊炎，而且一直治不好，就这样越变越大，成了王有德的特殊标志。

"老猴子"这个绰号呢，在当地是表示精明的意思。这个绰号是林场职工送给他的，意思是，王有德脑子太好使，眼睛就像孙悟空的火眼金睛，善于寻找各种机会带领大家发财致富，也善于看人看事，能看到一个人的本质和事情的关键。

这个绰号起得太有水平了，确实是这样，自一九八五年王有德来到白芨滩防沙林场，建工厂，造果园，从事多种经营，从各方面带领大家劳动致富，使全场职工的生活水平得到了极大提升。场里原来要求调走的人纷纷留下来了，更多的人要求加入林场这个生机勃勃的大集体。

在国家实施西部大开发的政策东风下，王有德还利用林场的技术优势、苗木优势和劳动力资源，成立了又一家公司——灵武市添保治沙造林有限公司，专业承揽周边的一些绿化工程。这个绿化公司为林场赚了很多钱，成了职工们又一个"金饭碗"。

可偏偏就是这样一个人，却一次又一次做了不少赔本的买卖！

比如说姚叶高速公路两侧的绿化工程吧，白芨滩防沙林场以最低价格中标拿到了这个项目，大家都非常高兴，这个工程做下来，可以赚好大一笔钱呢！可是，在王有德拿到了业主提供的绿化方案后，他的眉头紧紧地皱起来了。原来，在这个方案里，姚叶高速公路中分带绿化植物业主选择了柠条、红柳和花棒等档次、外形比较普通的沙生植物。要知道，姚叶高速公路可是全宁夏第一条高速公路呢，在当时是宁夏发展的一个象征。

王有德觉得，这么重要的地方，绿化万万马虎不得，应该用侧柏、樟子松等才合适。可是，柠条、花棒等植物才五角一株，侧柏、樟子松要十几元钱一株，这一换，要多出来好多好多钱。这多出来的费用谁承担呢？

想来想去，王有德一拍桌子，直接去找了业主。果然如他所料，业主说："方案更改没问题，换成这些树当然更好啦，可是资金不能增加。"

王有德说："好！这个我们自己负责，一分钱也不要你们增加！"

就这样，白芨滩防沙林场承包的绿化路段，全部改种了侧柏、樟子松、桧柏、红黄刺玫、丁香等，姚叶高速公路这一路段，顿时变成了三季开花、四季常青的绿化路段。南来北往的车辆里，乘客看着路两边的美景，都欣喜万分，称赞不已。

可是这个工程做下来，白芨滩防沙林场倒贴了一百多万元。

工人们有些想不通，还有人说："'老猴子'这是脑子出问题了吗？"

王有德很耐心地跟工人们解释："能赚的钱我们一定会赚的，一分也不会少。但我们是搞绿化的，保质保量做好每一项绿化工程是我们最基本的职责。这条公路的绿化意义太大了，我们绝对不能为了赚一点儿小钱而不顾大义，忘记了绿化的初衷和职责。这条公路既是我们宁夏的形象，也是我们公司、我们林场的形象和名片，这种时候，我们可以不赚钱，甚至可以赔钱，形象做好了，口碑树立起来了，绿化工程自己会找上门来，我们以后会有赚不完的钱！"

二〇〇一年五月，王有德他们以最低报价中标了古王高速公路第一合同段的绿化工程。正当大家摩拳擦掌准备大赚一笔时，王有德又一次"节外生枝"了！

根据合同方案，路基两侧准备采用混凝土和卵石护坡，并种植一年生的白茎盐生草。王有德现场考察、仔细研究以后，提出了反对意见。他觉得这样不仅造价高，而且景观也差，花了很多钱却达不到更好的绿化效果，他心痛。他建议在边坡种植紫穗槐、红柳等抗旱、抗病虫害能力强的多年生灌木护坡。宁夏交通部门十分重视王有德的意见，立即组织专家研究论证，随后为此举行了几次研讨会。在研讨会上，王有德凭着自己多年的治沙固沙和绿化经验，面对各路专家，侃侃而谈，搬来各种事例和数据，最后专家都纷纷点头，心服口服。古王高速公路边坡绿化方案全线采纳了王有德的建议，新方案大大提高了防风治沙的水平，而且，每平方米造价仅为原设计方案的十分之一，为国家节约了大笔开支。可是，因为方案的改变，也使林场本来可以赚得的经济收益大大降低了。

一位在林场干了几十年的老职工心里想不通，他找到王有德说："瞧瞧你这闲事管的！我们本来可以赚到的几十万元全没啦！"

王有德握着老工人的手，恳切地说："钱要赚，但也不能光盯着那么点利润！防风治沙、绿化我们的家园可是功在千秋的大事啊，我们理应用最好的方式去完成任务！"

王有德带领职工们承揽的另一项有名的绿化工程就是银川河东机场周围的大环境绿化工程。这个机场是一张重要的名片，是与外省市联通的主要出入口之一，可这个位于灵武市境内的机场偏偏植被稀少，自然环境恶劣，荒漠化非常严重，大风一起，沙尘漫天，不仅存在严重的飞行安全隐患，更是极大地影响了银川的对外形象。

二〇〇三年，灵武市把河东机场大环境绿化工程交给白芨滩防沙林场来完成，这可是一项困难重重的艰巨任务。这里的荒坡环境恶劣，既不通水又不通电，王有德带领林场职工们在荒野里安营扎寨，一边修扬水泵站，一边埋引水管道，同时架设电线，挖蓄水池……多项工作多管齐下，大家在荒山野地里苦战了两年的时间，平整了周边几千亩土地，在上面栽种了二百五十万株樟子松、侧柏、枣树、花灌木等树木；荒山造林两万六千亩，栽植柠条、紫穗槐、沙冬青等沙生灌木一百八十余万株。短短七百多天，他们就奇迹般地使机场周边形成了针叶林和阔叶林混交、林木和草地交叉搭配的绿化格局，遏制了土地进一步沙化，极大地改善了机场周边的生态环境。

现在，机场周边树木成林，郁郁葱葱。每一个坐飞机来到这里的人，看到这赏心悦目的一片片绿色，根本想不到自己就处于毛乌素大沙漠的边缘地带。

也正是这种高水平、好口碑、大境界打动了越来越多需要做绿化工程的业主，很多的绿化工程、绿化项目都主动找上了王有德。他们说，王有德搞绿化工程有气概，有想法，把绿化工程交给王有德做，一百个放心！添保治沙造林有限公司先后承揽了公路、铁路、园区、街道等百余家单位的绿化工程项目。

这取得的收入中,每年又有六百多万元反哺到治沙造林的宏伟事业中,极大地填补了治沙造林资金的不足,确保了治沙防沙事业的不断推进和持续发展。

独门秘籍

在二十世纪六十年代,有外国专家曾到毛乌素沙漠来考察和指导治沙工作。面对浩瀚无边、一片荒凉的巨大沙怪,他们提出用黄土压沙、用石子压沙和用沥青压沙等技术试验,可是最终都失败了。一位外国治沙专家望着茫茫沙海,无可奈何地摇摇头,留下一句"在这里永远也治不好沙漠"的感叹,万分沮丧地离开了。

谁也没想到,土生土长、没上过几年学的"土专家"王有德,耗费几十年的光阴,最终压制住了疯狂入侵的大沙怪,并将它逼退了二十多公里,用一道宽阔的绿色屏障锁住了它。

王有德有什么独门秘籍呢?每次被问到这个

问题的时候,王有德总是谦虚地笑一笑,说:"我哪里有什么独门秘籍哩?"

再被追问,他就会好好地想一想,然后很认真地说:"如果非要说有什么秘籍的话,也许就两点吧。第一,爱惜树木,就像爱惜自己的娃娃一样。第二,如果说我取得了一点儿成功,那主要是来自不断试验、不断思考、不断探索的科学精神。"

在沙漠里养大一棵树是多么艰难啊,王有德比谁都清楚这一点,所以,对于沙漠里的树,他像对孩子一样付出了满腔真情和关爱。他说:"人可以把自己的需求表达出来,而树不会说话,树渴了喊不出来,病了哭不出来,这需要人去观察、体会,你关心了,树才会长好。"

谁都知道,在白芨滩防沙林场,新到的树苗是不可以过夜的,无论时间多晚,树苗都必须立刻栽下土去,这样才能保证它们的成活率。这是王有德担任场长后定下的硬性规定。

有一次,整整五车新买的树苗在深夜抵达了林场,一直在等待树苗消息的王有德立刻操起电话,叫醒了职工们。大家一起顶着星星,连夜奋战,熬了整整一个通宵,才终于把所有树苗都种好了,并浇上了水。天色已经大亮,刚刚栽下的小树苗亭亭玉立,在晨风中惬意地轻轻摇摆着一片片小小的叶子。王有德用眼光亲热地一一抚摸着它们,舒心地松了一口气。

有一次,王有德开车路过姚叶高速公路,看到路边绿化带的树木有些发蔫,他立刻停车下来查看。这一看,他吓了一大跳,原来这里正在闹虫害呢,害虫们正在向树木发动进攻,如果置之不理,这整条绿化带都会毁于一旦。这片绿化带虽然是王有德的白芨滩防沙林场做的项目,但项目早已交付了,后期管理已经不是林场的责任了。可是,王有德怎么能眼睁睁看着害虫侵害他心爱的树木呢?他立刻抽调林场二十多名职工携带器械药品赶赴现场,喷药杀虫,及时挽救了濒临灭顶之灾的绿化带。这可是白白地贴钱贴药贴时间的事情,但他心甘情愿。

这样的"多管闲事",这样的"白贴""倒贴",王有德做过很多次。凡是他带领大家种下的树、做过的绿化，他都放在心上，时刻牵挂。正因为有了这样的"管家婆"，这里的树木才能好好地成长。

走在沙漠里，王有德经常是眼观六路，耳听八方。今天会刮几级风呢？这里土壤的盐碱度是多少？这些树得了什么病？这些技术性问题，王有德总是听一听、舔一舔、摸一摸、看一看就知道答案。他是沙漠里的树木最贴心的伙伴。有时走着走着，他会怜惜地扶起一棵被风吹歪的小树苗；有时，他会蹲下身去，双手刨开沙土，看看幼苗的根扎好了没有。长年累月，他的双手指甲缝里钻满了洗不干净的陈年旧土，每天回到家，他的头上、身上、鞋袜里总是沾满了沙子。

爱人抱怨道："人家带回家的都是好吃好喝的，或者金银首饰，你倒好，每天带回来一身沙，你把沙漠绿化了，却把自己的家沙化了！"

王有德笑着说："沙漠欺负了我们这么多年，把我们以前的家都淹埋了，现在，是我们在欺负沙漠哩，我们用树用草把它压住了，把我们的家园抢回来了。这个不是比好吃好喝的、金银首饰更有意义？你应该更高兴才是！"

朴实的爱人说不过他，只得默默转身去清理家里的沙子了。

在沙漠里治沙，真正要制服横行霸道的大沙怪，光有一颗爱惜和付出的心还远远不够。王有德更令人佩服的一项独门秘籍，就是在种树治沙中开动脑筋、积极探索和思考，结合书本知识和实践经验，走出了一条科学育苗、科学种树、科学治沙的道路。

结合本地的气候和物种的习性，多方探索，引进优良树种是王有德长期坚持的一项工作，前面我们讲过的给樟子松倒穿"裙子"的故事，就是一个非常好的事例。现在，我们再来讲一个关于沙冬青的故事吧。

沙冬青是一种非常古老的植物，它属于白垩纪第三纪残遗植物，是我们国家二级保护濒危物种。这种树非常难得，因为它能生长在极端干旱的荒漠中，是防沙固沙的优良树种，可惜，在全世界只有俄罗斯和我国新疆、内蒙古、宁夏等地有少量分布，已经濒临灭绝边缘了。

二十世纪七十年代，我国一些相关的科研单位曾用常规育苗的方法，试验裸根移栽沙冬青，可惜一直没有成功，每次移栽的沙冬青都无法成活。二〇〇一年，王有德抽调科研人员组成科研攻关小组，专门进行沙冬青育苗栽培试验。经过一次一次的试验，科研人员发现，沙冬青幼苗根系又白嫩又细脆，稍微一碰触就会折断；而大苗的根系呢，又非常大，再生能力极低，移栽以后很难成活。那么，要怎么样才能既避免触碰幼苗的根系，又能顺利移栽呢？大家终于想到了一个非常巧妙的办法：在一个个营养袋中装入营养土，在营养土里埋入沙冬青的种子，直接在营养袋中育苗。待幼苗长出来以后，将营养袋连同幼苗一起移栽到土壤里，这样就能避免对沙冬青幼苗根系的触碰和损伤啦！

就是采用这种方法，白芨滩防沙林场在国内首次成功培育了沙冬青，完成了人工保护这一濒危植物的创举。

正是凭借着这种执着的探索精神，王有德在与大沙怪奋战几十年的日子里，不断摸索，不断试验，选育出了适宜各种类型沙区生长、特别耐旱的多种植物，比如沙冬青、柠条、花棒、沙柳、沙拐枣，掌握了在沙地里大规模育苗、造林的独门技术。他还大胆引进了樟子松、侧柏、白蜡、水曲柳等名贵树种。

要引进外地的苗木可不容易，比方说，南方的苗木习惯了温暖湿润的气候，移植到干旱少雨、严寒酷暑的北方沙漠地带，那还活得成吗？别着急，别着急，王有德结合书本知识和多年的实践经验，摸索出了一整套苗木养育法宝。冬天怕冷吗？没事，给树木缠上一层厚厚的草绳，给它们穿上"棉衣"。夏天怕干怕热吗？没事，用喷雾器给叶面喷水保湿，降温防暑。王有德真的是把树木当作孩子一样在养育啊！正是在他的精心培养下，前后共有数十个名贵树种落户白芨滩防沙林场，为单调寂寞的沙漠带来了异样的风采，给人们带来了惊讶、欣喜和感动。

怎样才能更有效地防沙固沙？怎样才能防止绿化地重新沙化？王有德一直忘不掉一九八五年他刚来到白芨滩防沙林场时看到的破败荒凉的景

象。作为一家专业防沙治沙的林场，最后却被大沙怪倒逼，大批绿化地带重新沙化，究其原因，除了人心涣散，也因为缺少更好的防沙固沙的科学方法。所以，在研究如何更好、更有效地开发沙漠化土地，更好地防沙固沙方面，王有德带领科研人员进行了重点探索和攻关。在总结林场多年治沙经验的基础上，王有德带领他的团队探索创造出了"五位一体"的循环立体开发防沙治沙模式。

这个"五位一体"是指什么呢？它包括五种造林固沙和经济增长的方法：最基础的一种是干旱治沙造林，然后是引水治沙营造骨干重点防护林，在这两层防护林的掩护下，就可以进行第三步——引水造田发展果树林核心经济，然后在田间种植农作物和经济作物，在此基础上再发展畜牧业，养牛养羊养猪养鸡，畜牧业反过来又可以为前面的几项工作增加肥源、改良土壤，从而进一步促进树木和农作物的生长。

这个"五位一体"的治沙模式可厉害了，它非常有效地改善了当地的生态环境，改善了当地职工的生活，获得了宁夏回族自治区科技进步二等奖。国务院相关文件中，还重点推广了"五位一体"的治沙模式。"五位一体"治沙模式成为全中国乃至全世界治沙的一种样板和可供实际操作的有效经验。

当沙漠向世界敞开

土地荒漠化不仅仅是中国的问题,更是全世界的问题。全球目前有一百多个国家受土地荒漠化的影响,而中国是世界上荒漠化危害严重且面积较大的国家之一。

在联合国的倡导下,全世界正在为防治荒漠化迈出共同的步伐。有很多国际环境组织纷纷设立公益援助治理沙漠计划,为荒漠化地区的治沙防沙提供必要的资金援助。

努力争取国际援助项目,使之落户白芨滩防沙林场,再依托专业林场具备的技术优势,实施"项目带动"战略,尽最大努力做出成绩,做出效果,加快加大治沙步伐——这是王有德治理沙漠的一条重要思路。而且，他取得的成绩令全世界瞩目，很多项目不仅仅成为我国防沙治沙的一面旗帜，还成为供世界各国参观学习的窗口。

早在一九九三年，王有德就为白芨滩防沙林场争取到了一个重大项目——中日关于沙漠化地区农用林业实验模式的研究项目。在整整三年的时间里，王有德带领职工们奋战在沙漠深处，他灵活地使用自己的科研团队摸索出的治沙经验，按照宽林带、多网络、多树种、高密度、乔灌木混交等治沙模式，完成了由干旱固沙林、骨干防护林、经济林带组成的"三位一体"防护林体系建设。

在这个体系建设中，王有德将沙漠化土地开发、改良、利用和研究融为一体，完成造林任务九百零五亩，创建了"沙漠化地区林、农、牧、种、养、加和各类废弃物—能源—土壤循环立体开放试验模式"。项目完成后，中日专家一起验收，他们依据多个指标进行了测试，比如风速降低了多少，沙尘暴次数降低了多少，空气湿度提高了多少，水分蒸发量减少了多少，土壤有机含量提高了多少，等等。经过各项验证后，专家们惊喜地发现，这一项目创建了沙漠化地区循环开发的先进模式和成功范例，达到了沙漠综合治理的国际领先水平，解决了世界性难题。

这个项目获得了宁夏科技进步奖，先后有六十多个国家和地区的团队来这里参观学习治沙经验。面对各方赞誉，王有德说，这个基地是我们国家治理沙漠、改善生态、为人民争取更好的生活权利的一个强有力的展示。

有一次，日本驻中国大使馆外交官带领一支二三十人的队伍来白芨滩防沙林场对外基地参观考察。面对绿树成荫、青草遍地、果树成林的沙漠绿洲，日本友人们感到非常震撼，他们发自内心地为王有德保护黄河、保护地球、改善家园的壮举所折服。

此时的王有德已经是一位饱经风霜的老人，日本领队问："您年龄这么大，治沙要治到什么时候呢？"

王有德笑着回答说："这治沙是一辈子的事情，我是活到老，治到老。我们国家的领导人都到这里来考察，来种树，对生态环境非常重视。你们向我们学习吧，把钱用到治理沙漠上，为全世界人民造福吧！"

日本友人也笑着说，他们也都希望来植树造林，治理沙漠，造福全人类。

如今的白芨滩防沙林场，治沙造林面积已超过六十万亩，林场面积达到一百四十八万亩，造林平均成活率达到百分之八十五以上，森林覆盖率超过百分之四十，特别是在大泉干燥型流动沙区，实现了沙漠从引黄灌区后退了二十多公里的伟大壮举。

白芨滩防沙林场成为中国生态文明建设的一个窗口，一座享誉全球的绿色丰碑，一个世界治沙史上的光辉典范。近年来，美国、英国、日本等近一百个国家和地区的政要、专家、学者前来考察访问，他们无不惊叹和感佩。

摩尔多瓦共产党执行书记参观白芨滩后写下感言："只有在伟大的中国共产党领导下，团结一心的中国人民才能够创造出如此伟大的沙漠奇迹！"

英国有官员在参观后说："我们只有一个地球，保护我们共有的家园，是大家共同的责任，白芨滩人创造的防沙治沙成果，令我们感到钦佩。"

乌干达、肯尼亚、苏丹、赞比亚等二十七个非洲国家驻华外交官组成的非洲高级外交官访宁代表团到白芨滩参观访问，在留言簿上发表观感："这里正在发生的是中国人民的一项伟大的事业。"

美国、英国、日本等三十多个国家的新闻媒体，以各种方式向世界人民介绍了王有德和他带领的白芨滩防沙林场治理沙漠、实现人进沙退的壮举。

王有德成了一位世界级的英雄。

一个一心一意奉献社会的人从来不会被忘记。长期以来，王有德获得了各种无上的荣誉：

一九九六年、二〇〇一年，他被评为全国绿化先进工作者；

二〇〇四年，他被授予全国十大国有林场优秀管理奖、西部开发杰出贡献奖；

二〇〇五年，他被授予"全国先进工作者"荣誉称号；

二〇〇六年，他被授予"全国优秀共产党员"荣誉称号；

二〇〇七年，他被评为全国治沙英雄，获得"绿色长城建设奖章"；

二〇一二年，他被评为国土绿化突出贡献人物；

二〇一八年，他被授予改革先锋称号。

……

二〇一九年九月十七日，国家主席习近平签署主席令，授予四十二人国家勋章、国家荣誉称号。其中，王有德获得"人民楷模"国家荣誉称号。

九月二十九日上午，王有德走进北京人民大会堂金色大厅，习近平总书记向他颁授奖章。那一刻，王有德感觉自己站上了至高的荣誉殿堂。

这样当父亲，这样当儿子

王有德是一个奋不顾身的工作狂，沙漠里，工地上，林业局的会议室里，车流滚滚的公路上……哪里有需要，哪里就有他的身影。因为白天在现场忙，各种会议他就都挪到了晚上，如果采购的树苗正好在晚上到达，那么晚上还会变成热火朝天的种树工作时间。

王有德常常说："在沙漠里种树不容易，要把每棵树都当成养娃娃来看待才行。"

可是，如果王有德的两个儿子听到这句话，他们一定会反对。他们觉得，在爸爸眼里心里，他们可都比不上沙漠里的那些树金贵，那些树都比他们得到了爸爸更多的关心和爱护。

王有德的大儿子名叫王立钧，在他刚上一年级的时候，正是王有德调到白芨滩防沙林场做副场长的时候。从那时起，他就感觉爸爸从家里消失了，时常十几天不见踪影。

他就奇怪地问妈妈："妈，我爸到哪儿去了？"

妈妈回答："他呀，种树去了！"

王立钧觉得很纳闷，爸爸到底在种什么树呀？怎么晚上也不回家？

有时，王有德很难得地在两个儿子睡着以前回来了，只见他满脸疲惫，浑身沾满沙土，饭都懒得吃，更没力气过问两个孩子的学习情况，倒头就睡着了。等第二天孩子起来上学，爸爸早就不见了。

王立钧上二年级那年，正赶上林场搞秋季植树大会战，王立钧已经一个多月没见到爸爸的人影了，他很想念爸爸。这时正好林场的一个叔叔要到大会战现场去，他就问王立钧："娃娃，想不想到山上去看看爸爸呀？"

王立钧立刻高兴地回答："当然想啊！"

就这样，那个叔叔把他带到了植树大会战现场。

王立钧终于在热火朝天的工地里找到了爸爸，他简直惊呆了，只见爸爸身上的衣服破了几个洞，裤子的颜色已经完全看不出来了，头发长得把两边耳朵都盖住了，活像个无家可归的流浪汉。

尽管这样，王立钧还是非常高兴地大声叫道："爸爸！"

可王有德连看一眼儿子的时间都没有，他正在紧张地和大家一起从卡车上卸树苗。树苗卸完了，他还是没空理儿子，而是拿起铁锹，在刚整过的平整的地面上铲出一个一个浅坑，其他人则在每一个坑里种上一棵树。

虽然爸爸没理自己，可是毕竟一个多月没见过面的爸爸就活生生站在眼前，所以王立钧还是非常兴奋，他一路跟着爸爸，看他有力地挥动铁锹，铲出一个又一个浅坑。

突然，爸爸回过头来，跟王立钧说："你傻乎乎跟着我干什么？还不快给新栽的树浇水去！"

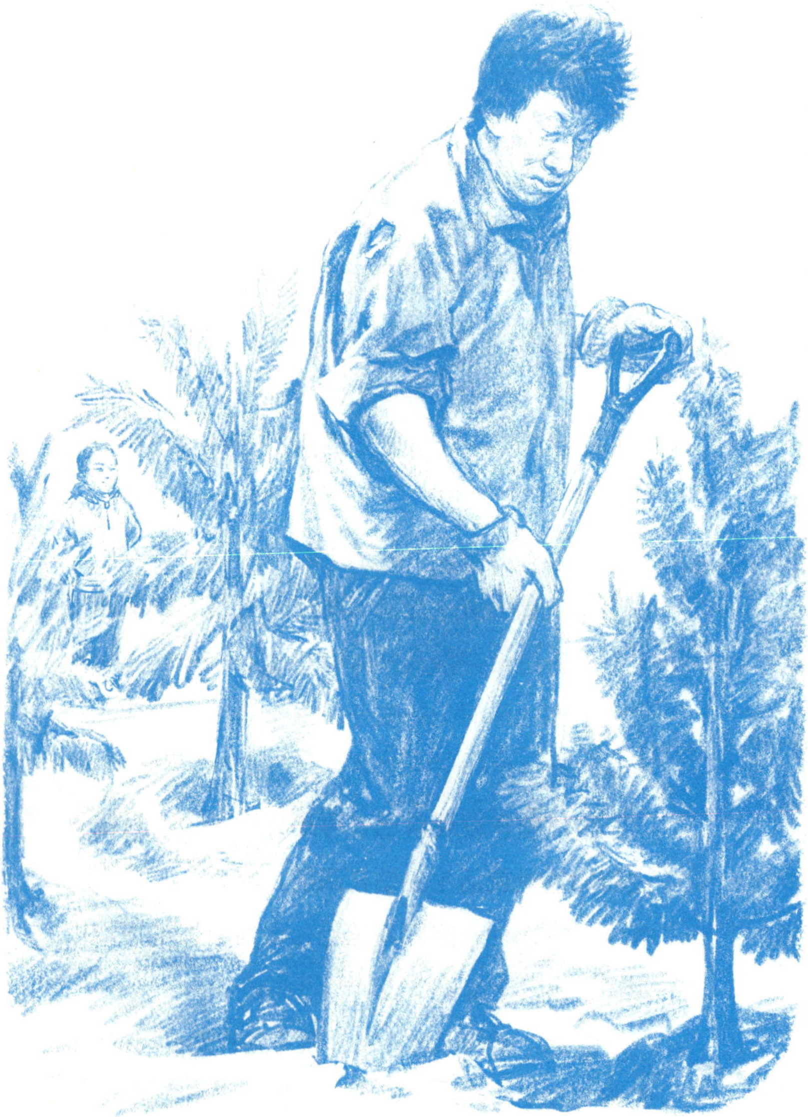

王立钧心里委屈极了，他只是想念爸爸，特意跑到山上来看望爸爸，希望爸爸能跟他说说话，在一起玩一玩，可是万万没想到，这一整天，爸爸就跟他说了这么一句话，就因为这一句话，小小的王立钧参加了一整天义务劳动。

这以后，每当学校里放假了，王有德就吆喝儿子到林场去参加义务劳动。妈妈心疼儿子，责备爸爸："我们家把你一个人贡献给林场还不够，你还要把娃拉扯上！"王有德笑着说："那怎么办？谁让他是植树人的后代呢！"

让王立钧更伤心的一件事情，发生在王有德带领职工们在北沙窝流动沙丘地区开发果园的时候。那时王有德一直住在离家仅三公里的工地帐篷里，有一次竟然连着五十多天没回过一次家。突然有一天，王立钧的脚被邻居的手扶拖拉机轧成了骨折，王立钧痛得大哭，妈妈一下子慌了神，连忙跑到工地上去找爸爸，要他赶紧回家去看看孩子。正在忙碌的王有德实在走不开，也有些着急，他说："我又不是当医生的，我回去有啥用？"

眼巴巴盼着爸爸回家的王立钧见只有妈妈一个人回来，伤心地哭了起来。这一次不是因为脚痛哭，而是因为他觉得爸爸从来不肯为他这个儿子的事耽误哪怕一点点时间。

"其实，我心里还是非常佩服我爸爸的。"长大以后的王立钧接受记者采访时，毫不掩饰自己对爸爸的尊敬崇拜之情，"他呀，认准了一件事就干到底，他是全世界最执着的治沙人！与沙漠较量了一辈子，吃尽了苦头。但我觉得，能有这样的父亲，非常骄傲。你看咱银川这些年，风沙少了，空气湿润了，天蓝地绿的生态美景正在变成我们的新名片。"

这时候的王有德呢，早已不是当年那位年轻的爸爸，他已满脸风霜、两鬓斑白。提起这些往事，他一脸愧疚。

而在他的记忆里更加抹不掉的，是那打在小儿子脸上的一巴掌。

有一段时间，小儿子学习成绩不好。老师觉得家长有很大问题，不配合学校老师的工作。妈妈就埋怨爸爸说："你看看你，一天到晚忙工作，东奔西跑，家里啥事都不管，儿子学习成绩不好，我又不懂这些知识，你说说怎么办吧！"

王有德当时正为工作上的事发愁，二话不说，走上前就给了小儿子一巴掌，然后冲出家门，去了办公室。

可是，坐在办公室里，他却集中不起精神来做事，小儿子哇哇大哭的脸和妻子埋怨的脸交替着在他眼前出现。他觉得非常内疚。

办公室主任见场长一副心神不宁、满脸沮丧的样子，就问他是不是家里出什么事了。

那一刻，王有德眼眶蓦地红了，他嗓音嘶哑地说："你看，我今天怎么干了这么个事，平常没有时间过问孩子的学习也就算了，我刚才还打了他。我这个当爸爸的真是惭愧啊！"

时至今日，王有德还总是说，自己亏欠家庭、亏欠老伴、亏欠儿子的实在是太多了。

可是，当被问起如果人生重新来一遍会怎么选择时，王有德认真地想了想，说，估计还是得这样选择，因为没的选择呀！要全心全意治沙，要当好一家林场的带头人，他就没法顾到自己的小家。

王有德既是爸爸,也是两位老人家的儿子。他的父亲离开工作岗位之后,对孩子的要求却一点儿也没减少。不管儿子获得了多少荣誉,每年年底的家庭会议他还是一次也不会减少。当白芨滩防沙林场的治沙事业越来越兴盛,成为很多媒体关注的焦点的时候,父亲一再提醒王有德,做事一定要脚踏实地,一就是一,二就是二,别不着调胡说乱吹。

王有德一直牢记着父亲的教导。有一次,王有德看到在描写白芨滩防沙林场治沙成效的材料中有"草长莺飞"这个词,他拿起笔,毫不客气地勾掉了。他说:"草在哪里?莺在何处?我们现在只不过扎了一些草方格,哪里就'草长莺飞'了?治沙永远不要说这种言过其实的话!"后来,当大片大片树林出现在林场,树林中真的出现了猪獾、红狐、猎隼、红腹锦鸡等珍稀动物,空中飞鸟成群的时候,王有德专门找到当时写材料的人,舒心地对他说:"现在,你可以放心使用'草长莺飞'这个词啦!"

王有德对父母非常孝顺，是远近闻名的孝子。不论何时何地王有德接到父亲的电话，他必定毕恭毕敬站起身接听。父亲在王有德的心里，一直是一座像焦裕禄那样值得发自内心尊敬的丰碑。就是再忙，他也总要抽点时间去看看父母，但每次都是来也匆匆，去也匆匆，很少能抽出时间陪父母好好吃顿饭。

可是，面对这样的一位老父亲，王有德觉得自己犯下了无可挽回的错误。

那还是在二〇〇二年春节，老父亲感觉身体不适，王有德本来打算带父亲到银川去检查身体，可是当时正值日本专家到林场来洽谈治沙援助项目的关键时刻，王有德放心不下，也脱不开身，就延缓了带老父亲去看病的计划。六月份，当王有德终于抽出时间将父亲送到医院，一查，已经是胃癌晚期。当天他从银川回到林场，在办公室里跟当时的副局长说起父亲的病情时，忍不住像个孩子似的哭了起来。他觉得，就是因为他的忙碌，把父亲治病的最好时机给耽误了。仅仅两个月以后，父亲就病逝了。

时至今日，提起这件事情，王有德还是非常难受，他一直在责备自己。

可是，正如他自己说的，如果时间倒流，他还是没的选择。他是冲在治沙最前沿的先锋战士，他只能把全部心思都放到工作上。

虽然面对家庭、面对孩子、面对父母，王有德有无法弥补的愧疚，可是，面对沙漠、面对职工，他是一个无愧于心、铁骨铮铮的好汉子！

阳光照耀着一切

还记得那些看得见阳光的屋子吗？那还是王有德刚刚到白芨滩防沙林场当副场长的时候发现的。他到那些老职工家里去家访，发现他们住着的屋子，有太阳的时候屋顶上会漏进阳光；下雨的时候，屋子就成了交响乐演奏厅，锅碗瓢盆一齐上，从破屋顶漏下来的雨水叮叮当当响成一片。

那些日子，王有德度日如年。寒冷的冬日，酷热的盛夏，刮风了，下雨了，王有德心里都会特别不安。住房难、入学难、看病难，这"三难"就是箍在全体林场职工头上的金箍，不解决这些问题，林场职工不会安心工作，植树造林、与沙漠斗争也就只是一句空话。

所以,王有德来到白芨滩防沙林场以后特别想做的一件事,就是给职工们解决住房问题。当时林场非常困难,根本拿不出钱来盖房。王有德坐卧不安。熬到一九八七年,他实在坐不住了,开始四处筹款在县城征地盖房,他动用了自己的亲友私交,把他们的房子拿来抵押贷款。

多少老工人都记得那些个日日夜夜,因为没有钱请运输队,所有的建材都是王有德带领工人们拉回来的。

简易住宅楼终于建成了,所有楼房都分给了老职工和一线职工。

待场部情况好转一些,为了给一线职工改善生产生活条件,场部多方筹集资金,给属于林场的六个管理站都铺上了柏油路,安装了自来水,架设了输电线路,装上了电视。再后来,场部对沙区职工住宅实行私建公助补贴政策,职工自己承担百分之四十,场里补贴百分之六十,先后共建起了二百四十五套房屋和小别墅,职工们告别了住了几十年的那些屋顶漏光的土坯屋子,高高兴兴地搬进了沐浴在阳光下的新居。吃苦咸水、没有电、房屋漏水等问题终于宣告终结。

在大泉管理站和马鞍山管理站，绿树丛中掩映着一排排漂亮时尚的二层别墅，这些别墅装修精致时尚，城里具有的一切设施这里一样也不少。在这些住宅的旁边，有精巧别致的苏式园林，有由日光温棚、养殖园区构成的美丽宜人的田园风光。阳光安静地照耀着这一切，看上去真是美极了。这里是白芨滩防沙林场的别墅区，职工们只需花上三万元，就可以住上两层小洋楼。有人看到这样的美景、这样的条件，有点眼红，还说三道四的，王有德慷慨地说："你来治沙，我保证给你一套小洋楼。"

如果来到白芨滩防沙林场大泉分场，你现在看到的再也不是王有德刚到林场时那么一幅破败不堪、被风沙迫害得奄奄一息的情景，而是这样的一幅幅美景：荡漾着碧波的人工湖，别出心裁的花园，精巧秀美的亭子，曲径通幽的沙石小道，巧夺天工的砂岩，甚至还有梦幻般躺在沙漠中的绿色游泳池……

随着林场经济实力的增强，王有德每年筹措二百多万元给全场职工缴纳"三险一金"——养老保险、医疗保险、工伤保险和住房公积金。看到职工子女上学难，王有德感到林业事业的发展没有知识不行，没有人才更不行。他每年拿出十几万元，在全场推行奖学金制度，职工子女从小学到大学全部享受补贴政策，小学生每年补助六百元，初中生每年补助七百元，高中生每年补助八百元，专科生每年补助九百元，本科生每年补助一千元。场里还购置了三辆客车，专门用来接送进城读书的林场子弟。

四十多年前，林场没有一名大学生；近十多年来，林场子女考上大中专院校的有六十多人，三十多人已经回林场工作，接过了父辈手里植树造林的大旗。这些用新知识武装起来的年轻人，成为新时代的治沙工人，正成长为生态文明建设事业中朝气蓬勃的新生力量。

生命的又一个高度

二〇一四年,王有德已年满六十周岁,从他奋斗了近三十年的白芨滩防沙林场退休了。

在离开林场的那一天,他哭了。

多么舍不得离开这里啊,这里的一草一木都凝聚着他的心血,这里的一沙一石都蕴含着他的情感。他最美的年华挥洒在这里,他所有的时间和聪明才智都奉献给了这里。他舍弃了每一个休息日,舍弃了大部分睡眠和休息时间,舍弃了自己的小家,不分昼夜奋斗在这里,他从一个满头乌发的青年变成了一个两鬓斑白的老者,他怎么舍得离开这里,离开他的治沙植树的大业啊!

王有德终于退休了,老伴心里非常高兴,心

想，这一下，这个天天像陀螺一样团团转的人终于可以好好地歇下来了，他那一身的病，还有他那要命的关节炎，也终于可以好好地看看了。两个已经成家立业的儿子也很高兴，他们觉得父亲辛苦了一辈子，风吹雨淋了一辈子，现在终于可以陪着老妈妈过过舒适清闲的好日子了，可以像别的老人一样到外面去走走，去看看，去游览游览祖国的大好河山。

可家人的这些想法，完全不合王有德的意。离开了工作岗位、离开了林场以后，他觉得自己就像丢了魂一样，浑身上下都不得劲。他是属于沙漠的人，治沙种树就是他生命力量的源泉。何况，他与沙漠打斗了一辈子，积累了一肚子的经验，这些宝贵的经验不是一年两年积累下来的，而是经过几十年如一日对生态环境的建设、对沙漠的治理得来的。什么地方能栽什么树，什么树能在哪里成活，他看一眼就知道。他尝一尝土壤、水，一张口就能说出来土壤的含盐量是多少，pH值是多少。这些一辈子摸索得来的经验和本领，可不能就这么荒废了！

结果，令家人大吃一惊，也令所有人大吃一惊的是，王有德在台湾企业家的大力支持下，很快就发起创建了宁夏沙漠绿化与沙产业发展基金会，并在短短的时间里组织员工、招募人马。这个为治沙播绿服务的基金会快速运转起来。

退而不休，这才是王有德心目中理想的退休生活。周围还有那么多荒山没有治理，还有那么多沙漠在人们周边虎视眈眈，作为一直奋斗在抗沙最前线的一名老兵，他怎么可能这么早就休息呢？他还能继续发挥作用！

据了解，长期以来，我国防沙治沙工作仍然存在着主体单一、缺乏经费的问题，造林治沙主要依靠政府主导，依托国家重点生态林业工程来开展。面对浩瀚的沙海，这些项目和经费都非常有限。

所以，王有德创立基金会，吸引社会资金投入防沙治沙的工程，是一种非常具有积极意义的尝试，具有前瞻性。王有德借助自身的影响力，吸引社会企业、社会团体捐资，由他统筹、组织资金在白芨滩区域治沙。这能吸引全社会的力量来共同关注防沙治沙，形成资金层面的强力支持。它将积极倡导和引领全社会来关注生态问题，关注宁夏作为祖国西部生态屏障的建设。

自成立以来，基金会得到了自治区各级政府和有关部门的关心支持、国内知名企业的公益捐助，以及联合国防治荒漠化公约组织官员的高度赞赏。许多部门、机构和企业都向基金会伸出了援手，并通过将"中国网络植树公益网——宁夏网"在线募款平台委托基金会运营等方式，有力地促进了基金会的发展。

看到白芨滩仍有六十多万亩荒漠尚未治理，王有德代表基金会与白芨滩防沙林场签署了《沙漠绿化生态治理协议书》，与一些公司、协会合作建设防护林的项目也逐渐开展起来了。基金会动员社会力量投入防沙治沙的模式已经取得了初步的成果。

在白芨滩国家级自然保护区马鞍山管理站靠近银川河东国际机场的地方，有一片五千多亩的绿洲格外显眼，这里种有大片大片的桑树、枣树、李子树等果树。春天来了，雪白的李子花在枝头盛开，吸引了一群一群的蜜蜂，也吸引了一群一群的游人。春去夏来，夏尽秋临，桑葚、李子、枣子轮番在这里登场，将这里装扮得分外妖娆。

几年前，这里是一片寸草不生的荒滩，水土流失严重，一度沦为倾倒建筑垃圾的地方。宁夏沙漠绿化与沙产业发展基金会创建后，王有德带领大家再一次开进工地，开路引水，削高填低，清石换土，以高于通常治沙造林成本两三倍的代价，在银川市东大门构筑起一道千余亩的绿色屏障。构想中的色彩丰富的生态植物园、郁郁葱葱的公益林园、生动有趣的采摘园和养殖园，以及环境清新优美的森林康养中心也已初具雏形。

二〇一七年，王有德曾告诉记者："到目前为止，基金会在马鞍山荒滩治理了两千多亩荒地。其中一个是社会公益林，是基金会自己拿钱，也就是用募捐的钱来造林，有五百多亩；第二个是采摘园，是当地的乡土树种，栽植也有五百多亩。另外，还有五六百亩的苗圃，还建了养殖场，以养牛、养羊、养鸡为主。通过养牛、养羊、养鸡来积肥，通过肥料来促进苗木的培育、果树的生长。"

这是王有德退休后交出的一份卓有成效的成绩单。

当然，基金会的工作并不仅仅是与风沙的面对面较量。除了传承自己积累多年的治沙经验外，王有德还亲自带队去考察和联系项目。这一方面是为了扩大基金会的影响力，动员更多的社会力量参与防沙治沙，另一方面也是希望通过拓展治沙业务，提升基金会的自主造血能力，实现人与自然、治理与发展的和谐共进。

正如基金会秘书长说的："我们的沙产业发展到一定程度以后，我们也有收入，这个收入可以实现自我造血。沙漠绿化全部是公益基金，是募集来钱，全投入。沙产业除了投入，在三年后有了经济效益，可以有一部分的利润，利润拿出来可以继续发展沙产业，这样就实现了良性循环和可持续发展。"

利用社会资金，在治理荒漠过程中发展林果、养殖、生态旅游等沙产业，锻造自我造血机能，反哺生态建设——这样的一种模式,是宁夏沙漠绿化与沙产业发展基金会的一个创新。

这也是王有德为自己的人生设定的又一个奋斗目标和高度。

他深情地说:"白芨滩目前仍有六十多万亩荒漠尚未治理,这是一份沉甸甸的责任。我治沙几十年,积累了不少经验,不能把经验废掉。这几年,党和国家给予了我很高的荣誉,也让生态环保事业得到了越来越多的关注,我创办的宁夏沙漠绿化与沙产业发展基金会也得到了社会各界的大力支持,我将用余生继续坚守信念,带领群众共同治理荒山、绿化造林,让社会共享治沙成果。"

退而不休,坚守初心。

生命不息,治沙不止。

让我们一起向治沙英雄致敬!

让我们一起祈愿我们的土地水草丰美,牛羊成群;祈愿我们的家园绿树成荫,鸟语花香。